精品课程新形态教材
21世纪应用型人才培养系列教材
新时代创新型人才培养精品教材

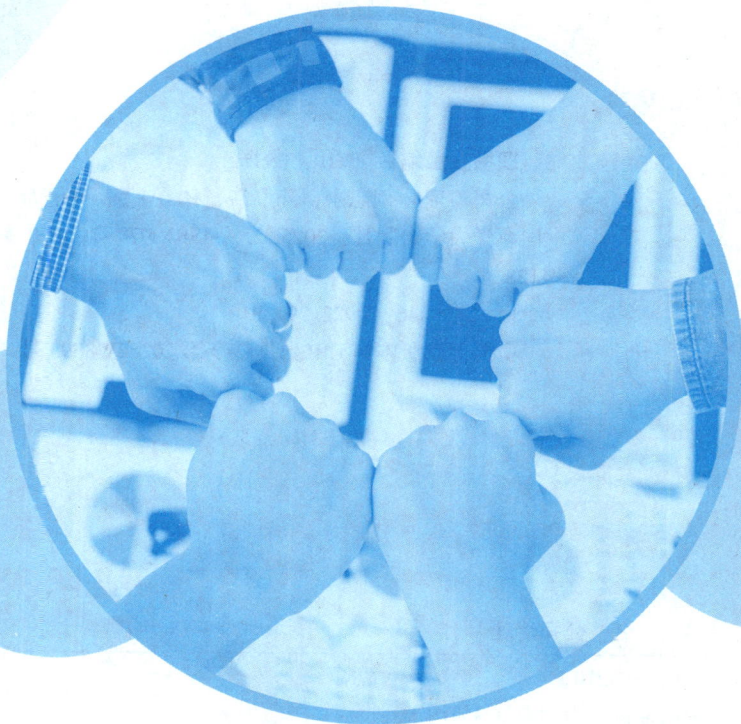

公司治理

主编◎刘志永　陈泓浩　林　雪

中国海洋大學出版社
CHINA OCEAN UNIVERSITY PRESS
·青岛·

图书在版编目（CIP）数据

公司治理／刘志永，陈泓浩，林雪主编. --青岛：中国海洋大学出版社，2025. 2. --ISBN 978-7-5670-4128-8

Ⅰ. F279. 246；D922. 291. 914

中国国家版本馆 CIP 数据核字第 20252W8S93 号

书　　名	公司治理

GONGSI ZHILI

出版发行	中国海洋大学出版社		
社　　址	青岛市香港东路 23 号	邮政编码	266071
出 版 人	刘文菁		
网　　址	http://pub. ouc. edu. cn		
电子信箱	2258327282@ qq. com		
订购电话	010-82477073（传真）	电　　话	0532-85902349
责任编辑	王积庆		
印　　制	涿州汇美亿浓印刷有限公司		
版　　次	2025 年 2 月第 1 版		
印　　次	2025 年 2 月第 1 次印刷		
成品尺寸	185 mm×260 mm		
印　　张	13. 5		
字　　数	300 千		
印　　数	1—7000		
定　　价	42. 00 元		

前　言

党的二十大报告强调要完善中国特色现代企业制度，公司治理是企业发展的基石，推进公司治理现代化对于夯实中国特色社会主义物质基础和政治基础具有重要意义。公司法作为规范商业行为、保护投资者权益的重要法律，不断面临着新的挑战和机遇。在这个背景下，我们编写了《公司治理》，对于我们深入理解公司法的最新发展，提升实务操作能力，具有重要意义。

一、概述

在商业世界日新月异的今天，公司法不仅是法学研究的重点领域，更是实务操作中不可或缺的规范。因此，对于公司法的理论研究和实务操作，都需要我们给予高度的重视。本书的出版，恰逢其时，为公司法的学习者、实践者以及关心公司法发展的各界人士，提供了一本全面、深入、务实的参考书籍。

二、新公司法的出台背景

近年来，随着市场经济的深入发展，公司法经历了多次重要的修订。这些修订旨在更好地适应经济发展的需要，提升市场活力，保护投资者权益。新公司法的实施，对于完善我国的法治环境，推动经济持续健康发展，具有深远的意义。

三、公司法基础理论的发展

公司法基础理论的发展与完善，是推动实务操作的重要动力。本书从多个角度，系统梳理了公司法基础理论的发展脉络，不仅有助于我们全面理解公司法的理论知识，更有助于我们把握公司法未来的发展方向。

四、实务精要的体现与实践价值

本书的一大特色是，它不仅关注理论发展，更加注重实务操作。通过案例分析、操作指南等形式，本书深入浅出地讲解了公司法的实践应用，为读者提供了丰富的实务操作经验。这对于我们提高解决实际问题的能力，具有很高的实践价值。

五、本书的结构与特点

本书的结构清晰，内容丰富。从公司法的概述到具体制度，从理论探讨到实务操作，全面展现了公司法的全貌。此外，本书语言简洁明了，逻辑严谨，是法学研究者和实务工作者理想的参考书籍。

六、对读者的建议与期望

对于公司法的学习者，这本书将是一个全面的学习指南。通过阅读本书，你可以深入理解公司法的理论体系和实务操作技巧。对于公司法的实践者，这本书将为你提供宝贵的案例分析和操作指南，帮助你更好地应对复杂的商业环境。同时，对于关心公司法发展的各界人士，这本书也将为你提供对公司法的全面了解和深入探讨的机会。我们期望这本书能帮助你在公司法的道路上更进一步。

七、总结与展望

《公司治理》是一本全面、深入、务实的参考书籍。不仅总结了公司法的基础理论和发展成果，而且提供了丰富的实务操作经验和案例分析。通过阅读这本书，你将对公司法有更深入的理解和掌握。未来，随着经济的发展和市场的变化，公司法仍将持续发展和完善。我们期望这本书能成为你学习、实践和研究公司法的有力助手，也希望各位读者在践行公司法的道路上取得更大的成就。

新《公司法》的实施无疑将对企业家们的商业决策和公司治理方式产生深远影响。这些变化不仅需要企业家们全面理解和适应，也要注重提高自身的法律素养，通过不断学习和实践，更好地理解和应用新修订的《公司法》，帮助企业避免法律风险，同时也让企业在法律的指引下，找到更加适合自身发展的道路。

在二十届三中全会精神指引下，新修订的《公司法》为我国的企业发展打开了新的篇章，带来了新的机遇和挑战。我们期待所有的企业家都能够以积极的态度，面对新的法律环境，运用法律武器，推动企业的持续发展和创新。

编　者

目录

CONTENTS

目录 | CONTENTS

目录 | CONTENTS

项目一

公司治理概述

【知识目标】

1. 了解公司治理的理论基础。

2. 掌握公司治理和管理的联系与区别。

3. 识记公司治理的原则。

【能力目标】

1. 作为利益相关者参与公司治理。公司应建立与利益相关者沟通、协商的机制、鼓励其参与公司治理，共同推动公司的可持续发展。

2. 参与决策透明度建设。与股东、员工和其他利益相关者了解公司的运营情况和发展方向。

【素质目标】

1. 股东权益保护。公司应尊重并保护股东的权益，确保股东享有公平、公正和透明的待遇。

2. 高管激励与约束机制。建立合理的高管激励与约束机制，激发高管的工作积极性和创造力，同时确保其行为符合公司的利益。这包括制定合理的薪酬制度、股权激励计划等激励措施，以及建立有效的约束机制，如行为规范、绩效考核等。

任务一　公司治理理论

一、公司治理的定义

（一）公司治理的概念

党的二十大报告指出："完善中国特色现代企业制度，弘扬企业家精神，加快建设世界一流企业。"公司是适应市场经济社会化大生产的需要而形成的一种企业组织形式，公司是企业的一种。

公司治理（corporate governance），又译为法人治理结构，是现代企业制度中重要的组织架构。

狭义的公司治理是指所有者（主要是股东）对经营者的一种监督与制衡机制。狭义的公司治理解决的是在法律保障的条件下，因所有权和控制权分离而产生的代理问题，它要处理的是公司股东与公司高层管理人员之间的关系问题。

广义的公司治理是指通过一套包括正式或非正式的内部或外部的制度或机制来协调公司与所有利益相关者（股东、债权人、供应者、雇员、政府、社区）之间的利益关系。广义的公司治理是关于企业组织方式、控制机制、利益分配的一系列法律、机构、文化和制度安排，它界定的不仅是企业与其所有者的关系，还包括企业与其所有利益相关者间的关系。

19 世纪 70 年代以前西方企业的所有权与经营权是合一的，几乎不存在治理问题。19世纪 70 年代至 20 世纪 20 年代，由于企业规模的扩张，企业所有者逐渐将经营权移交给公司的职业经理人。20 世纪 30 年代至 70 年代，科技革命在推动现代公司发展的同时，也促进了企业的所有权与经营权分离发展，并达到了高潮，资本的价值形态同实物形态相分离，企业经营者的控制权不断扩大，公司治理问题日渐引起人们的关注。20 世纪 80 年代至今，经理人员权力过度扩张、膨胀，所有者与经营者之间的矛盾开始加剧，特别是以安然事件为代表的西方国家财务报告丑闻频频暴露，使我们不得不反思，公司治理仍需要进一步完善。

（二）公司法人治理结构

公司法人治理结构是指公司内部各种权力与利益关系的安排机制，它通过构建一套完整的组织结构和决策机制，确保公司高效、规范地运作，并维护各方利益相关者的权益。一个健全的公司法人治理结构对于公司的长期发展至关重要。现代公司法人治理结构由四个部分组成。

（1）股东会。由全体股东组成，体现所有者对公司的最终所有权，是公司的最高权力机构。

（2）董事会。由股东会选举和更换成员，对股东会负责，对公司的发展目标和重大经营管理活动做出决策，维护股东的权益。

（3）监事会。由股东会选举和更换成员，是公司的监督机构，有检查财务的权力，对董事、高级管理人员执行公司职务的行为进行监督。

（4）职业经理人。也表现为公司高管团队，由董事会决定聘任或者解聘，对董事会负责，是经营者和执行者。

公司治理结构的精髓在于权力分立、互相制衡，以期实现最大效益。

▶ 实务精讲

美国安然事件

安然公司于1985年成立，是由美国休斯敦天然气公司和北方内陆天然气公司合并而成的一个公司。经过几年的经营，安然公司成为北美最大的天然气公司，可谓成绩斐然。

20世纪90年代中期，安然公司进入了电力市场，并且成为美国最大的电力交易做市商。1997年8月，安然公司又进入了衍生商品的交易市场，并成为领先潮流的能源批发做市商。

1999年10月份，当时美国新经济甚嚣尘上，新经济这个概念在全球成为一种潮流，在这样的背景之下，安然公司也创建了第一个基于互联网的全球商品交易平台，即安然在线。安然在线提供了从电、天然气项目到复杂的衍生商品在内的大约1500种商品的交易，在不到一年的时间里面，安然公司就发展成为年交易额近2000亿美元的全球最大的电子商务交易平台。

在2000年9月18日的时候，安然的股价一度超过90美元，但是在2001年10月16日，安然公司公布了他的第三季度的财务状况，宣布亏损总值达到6.18亿美元。为什么公司突然亏损？亏损的背景是什么？根据华尔街很多专家分析的结果发现，安然公司在历史上有很多的账目是不清楚的。后来安然公司宣布自己做了大量的假账。在这样的背景之下，安然公司的诚信受到了市场的质疑，安然公司的股价就一度下跌，2001年12月2日，安然公司正式宣布破产。当天安然的股价下跌到50美分，从最高的90美元下降到50美分，给投资者带来了巨大的损失。

（三）公司治理的新内涵

1. 以股东所有权理论为基础的单边治理理论

公司作为一个法人团体，必须具备人和物两个基本的要素。单边治理理论定义公司时，将公司理解为一个由物质资本所有者组成的联合体，公司的权力只能在所有者之间分配。因此，公司法人治理结构所要解决的问题是股东通过何种制度设计使经营者在自己的利益范围内从事经营活动，其实质是所有权对经营权的约束与监督问题。

单边治理理论包括以下一些基本内容。

（1）股东所有权论。即作为公司所有者的股东才享有公司权力，他们对公司的财产不仅享有剩余索取权，而且还对公司的经营享有最高的直接控制权。为了体现这种股东至上主义，股东大会被认为是最高权力机关。

（2）信托关系论。董事会与股东大会之间被认为是一种信托关系，董事会对股东负信托义务，负责托管股东的财产并对公司高级管理人员的行为进行监督，以维护股东的利益。

（3）委托代理关系论。即董事会与高层管理层之间被认为是一种委托代理关系，其中，董事会负责聘任或者解聘高级管理人员；而高级管理人员作为董事会的代理人在董事会的授权范围内从事经营活动并受董事会的监督。

单边治理理论在以下几个方面存在着瑕疵：虽然股东是公司剩余索取者并由此而承担公司生产经营风险，但是公司往往是有限责任公司，股东只承担一部分而不是全部风险；股东虽然持有公司的股票，但大型公司的股权是相当分散的，每个股东只持有公司总体股份的很少份额。由于信息不对称和监督收益与监督成本不对称，股东很难有效监督高级管理人员的行为；委托人模式所主张的若干公司治理机制虽然有利于股东，但对于其他利益相关者不利，甚至有害。

2. 以利益相关者理论为基础的多边治理理论

利益相关者理论的提出最早可以追溯到美国学者杜德，他认为股东利益的最大化不应当是公司董事唯一的追求，他们还应当代表其他相关利益主体，如员工、债权人、消费者和社区的整体利益。1963 年斯坦福研究所最先提出利益相关者的概念。20 世纪 70 年代以来，利益相关者的定义越来越多。其中利益相关者理论的最主要倡导者美国学者布莱尔，在 1995 年出版的专著中有针对性地提出了利益相关者理论。

支持利益相关者理论的学者认为，组织——是各种生产要素的所有者为了各自的目的联合起来而组成的一种具有法人资格的契约联合体。尽管这些学者对公司利益相关者的具体范围尚存分歧，但也已经达成了一定范围内的共识，即公司不仅仅是一个由资本所有者组成的联合体，更重要的是它在本质上是为物质资本所有者、人力资本所有者等利益相关者之间的契约关系充当连接点。在这一理论背景下，公司法人治理结构被定义为股东、债权人、职工等利益相关者之间有关公司经营与权利的配置机制。利益相关者共同治理公司成为这种理论对公司法人治理结构改革的核心思想。

3. 受托人理论

受托人理论认为大型公司是社会机构而不仅仅是私人契约的产物，董事会应被视为公司有形和无形资产的受托人，职责是确保在其控制经营下的公司资产的保值增值，并使资产收益在不同的利益相关者之间得到相对公平的分配。受托人不仅要考虑现有股东的利益，而且应考虑利益相关者的利益。

二、公司治理的理论基础

公司治理理论的思想渊源可以追溯到 200 多年前亚当·斯密在《国富论》中对代理问题的论述，他认为在股份制公司中，由于所有权和经营权的分离而产生了一系列的问题，从而应当建立一套行之有效的制度来解决所有者和经营者之间的利益冲突。贝利和米恩斯于 1932 年的一篇开创性研究成为公司治理理论文献的开山之作，他们在对大量的实证材料进行分析的基础上，发现现代公司的所有权和控制权发生了分离，控制权从所有者手中转移到管理者手中，而公司的管理者常常追求个人利益的最大化，而非股东利益的最大化，所以应该强调股东的利益，实现股东对经营者的监督制衡。从此，特别是在 20 世纪 80 年代以后，公司治理问题受到理论界越来越多的关注和重视。在公司治理理论的发展过程中，逐渐产生了以"股东利益至上"为基础的单边治理和以"利益相关者"为核心的共同治理两种代表性的治理理论。

（一）超产权理论

超产权理论是在 20 世纪 90 年代以后兴起的一种治理理论，是产权理论经过实证解释和逻辑演绎的结果。该理论认为，企业产权改革、利润激励只有在市场竞争的前提下才能发挥其刺激经营者增加努力和投入的作用。要使企业完善自身治理机制，基本动力是引入竞争，变动产权只是改变机制的一种手段。该理论的基本观点有以下内容。

产权改革并不能保证公司治理结构就一定变得有效率，竞争才是保障治理结构改善的根本条件。英国经济学家马丁和帕克经过实证研究后发现，在竞争比较充分的市场上，企业产权改革后的平均效益有显著提高，而在垄断市场上并没有明显提高，相反，一些未私有化的国有企业由于引入内部竞争机制而走出困境的事例也有很多，澳大利亚经济学教授泰腾朗的研究结论也与此相似。因此，他们认为，企业效益主要与市场结构即市场竞争程度有关，因而企业通过产权改革等措施改善自身的治理结构还不够，重要的是要引入竞争性的动力机制。

对经营者的利润激励与企业绩效的提高并不总是正相关，只有在市场竞争的前提下才是如此。在没有或不完全竞争的市场上，经营者完全可以通过人为抬价来"坐收地租"式地增加自己的利润收益，而不会努力地增加自己的投入，这种情形只有在市场存在较充分的竞争时才会改变。此外，现代企业的经营者不但受剩余索取权的激励，同时还要受剩余控制权收益的激励。控制权收益越高，经营者就越重视他的控制权，这种控制权收益激励同样随着市场竞争程度加大而发挥更大的作用。

超产权论作为公司治理理论的新兴分支，为公司治理提供了新的理论基础。它通过引入市场竞争概念，诠释了国际上部分国有企业特别是国有控股公司成功的经验，同时，也为健全和完善公司治理结构以新的启示：只有健全和完善市场体系，并通过积极而主动地参与市场竞争，才能建立起有效的公司治理结构，确保多方利益得以有效实现。

（二）两权分离理论

两权分离理论即公司所有权与控制权分离理论，它是随着股份公司的产生而产生的。该理论的代表人物是贝利、米恩斯和钱德勒等。贝利和米恩斯在1932年出版的《现代公司与私有产权》一书中对美国200家大公司进行了分析，发现在这些大公司中相当比例的是由并未握有公司股权的高级管理人员控制的。由此得出结论：现代公司已经发生了"所有与控制的分离"，公司实际已由职业经理组成的"控制者集团"所控制。钱德勒认为，股权分散的加剧和管理的专业化，使得拥有专门管理知识并垄断了专门经营信息的经理实际上掌握了对企业的控制权，导致"两权分离"。

（三）委托代理理论

所有权与控制权分离所带来的最直接问题，是作为失去控制权的所有者如何监督制约拥有控制权的经营者，以实现所有者利益最大化为目标去进行经营决策，而不是滥用经营决策权，这同时也是委托代理理论所要解决的核心问题。委托代理理论是公司治理理论的重要组成部分，该理论将在两权分离的公司制度下，所有者（委托人）和经营者（代理人）双方关系的特点归结为经济利益不完全一致，承担的风险大小不对等，公司经营状况和资金运用的信息不对称。经营者负责公司的日常经营，拥有绝对的信息优势，为追求自身利益的最大化，其行为很可能与所有者和公司的利益不一致，甚至于侵损所有者和公司的利益，从而诱发风险。为了规避这一风险，确保资本安全和最大的投资回报，就要引入公司治理这一机制，实现对经营者的激励和监督。

委托代理理论的基本思想是：公司股东是公司的所有者，即委托代理理论中所指的委托人，经营者是代理人。代理人是自利的经济人，具有不同于公司所有者的利益诉求，具有机会主义的行为倾向。所以，公司治理结的中心问题就是解决代理风险问题，即如何使代理人履行忠实义务，具体地说，就是如何建立起有效的激励约束机制，督促经营者为所有者（股东）的利益最大化服务。

（四）利益相关者理论

凡是与公司产生利益关系，与公司发生双向影响的自然人或者法人机构，都是公司的利益相关者。如股东、债权人、员工、顾客、供应商、零售商、社区及政府等个人和团体。该理论认为，公司的目的不能局限于股东利润最大化，而应同时考虑其他利益相关者，包括员工、债权人、供应商、用户、所在社区及经营者的利益，企业各种利益相关者利益的共同最大化应当是现代公司的经营目标，能充分体现公司作为一个经济组织存在的价值。因此，有效的公司治理结构应当能够向这些利益相关者提供与其利益关联程度相匹配的权利、责任和义务。

三、公司治理和管理的联系与区别

（一）公司治理与企业管理的联系

第一，公司治理解决了企业经营者与所有者、决策者与执行者之间的相互关系，为公司内部的经营管理创造了一个良好的运行环境，使企业的内部管理能够全力以赴地处理日常经营问题。

第二，公司治理明确了企业的经营目标、重大战略，从而决定了企业内部管理的方向和重点，减少了企业内部管理的盲目性。

第三，企业内部管理直接承担着落实董事会确定的经营目标、利润计划的任务，因此，搞好企业管理，是衔接公司治理与内部管理的关键，也是实现公司治理目标的基础和保证，它决定着治理的效果。

（二）公司治理与企业管理的区别

1. 工作的目标不同

公司治理的直接工作目标，是股东利益最大化。企业管理的直接目标，则是公司企业利益最大化。

2. 从事管治的层级不同

公司治理的层级集中公司的高层，属于单一层级治理。企业管理则是多层级管理，管理的层级决定于公司组织的层级，公司组织分几层，管理就分几层。

3. 管治的对象不同

公司治理的管治对象，是公司最重要的事项。而企业内部管理则不同，高级管理层所面对的也是公司的重要事项，但其他层级的管理主要以经营活动中的具体事项作为管理对象。

四、公司治理结构的特征

1. 动态性

动态性特征是指公司治理结构应随着公司发展战略、外部监管要求等客观因素的变化而进行调整，这样的调整不具有周期性特点，往往是动态随机的。

2. 契约性

公司治理结构的契约性特征是指公司各利益相关者通过签订契约来明确各自的权利、责任和义务。但是，由于在现实经营活动中公司各利益相关者的行为具有一定的不可预测性和随机性，因此这些契约不可能周延各利益相关者的所有行为，而只能是一种关系契约。这里关系契约是指契约只对总目标、总原则、遇到问题时的决策规则、决策权的配置以及争议解决方式等方面做出约定，一般不规定具体的细节性内容，因此大大降低了缔约成本。另外，公司治理结构的建立是以公司章程等公司治理文件为依据的，章程在本质上就可以理解为一种关系契约，它以文件的形式，明确规范公司各利益相关者之间的关系。

3. 依法合规性

公司治理结构的依法合规性特征是指公司治理结构的建立是以国家相关法律法规为依据的。公司各利益相关者的权利、责任和义务均由有关法律法规加以明确，以保护其利益不受侵损。公司治理结构完善与否，在一定程度上取决于国家法律法规对于公司治理监管规定的完备性。

4. 强制约性

公司治理结构强调公司股东、董事会、监事会、高级管理人员之间的权利、责任和义务配置及相互制衡。在公司治理中，股东将自己的资产交由公司董事会托管，董事会是公司的决策机构；高级管理人员由董事会聘任，组成对董事会负责的执行机构，在董事会的授权范围内行使经营权；监事会负责对董事会和高级管理层进行监督。不仅在公司内部有制约，在公司外部还有外部审计、行业监管等制约措施。所以，公司治理结构的强制约性是公司治理的主要特征之一。

5. 利润导向性

公司治理结构的利润导向性特征是指公司的本质是进行利润创造，评价公司治理结构的一个最重要标准是看它能否有效促进公司的利润创造。完善的公司治理结构旨在保证公司经营决策的科学高效，如公司应根据市场变化及时调整公司营销策略和投资策略。而只有科学高效的决策机制才能使公司在市场竞争中居于有利地位，进而实现公司利润最大化。完善的公司治理结构能够通过激励约束机制充分调动人力资本的积极性和主动性，保证公司决策更加科学、技术不断进步、管理不断优化，公司核心竞争力不断提升，使公司在市场竞争中保持持续性优势，从而达到公司利润最大化的目标。

6. 地域差异性

公司治理结构的地域差异性特征是指不同国家或地区具有不同的政治、经济、法律、文化等背景，其公司治理结构也一般会存在着不同的模式。目前，在世界范围内存在着英美模式、德日模式等不同的公司治理模式，然而随着世界经济一体化趋势的加快和各国经济文化交流的加强，公司治理结构渐有趋同之势。

任务二　公司治理实务

一、公司治理的原则

（一）诚信

党的二十大报告指出："弘扬诚信文化，健全诚信建设长效机制。"诚信是公司治理的核心原则。公司治理不仅仅是关于规则、政策和流程的设置，更是关于建立企业文化，鼓励诚实、公正和透明的行为。

1. 信任与透明

诚信是建立和维护公司内部及外部信任的基础。一个诚信的公司会确保信息的透明，即所有重要的、与公司运营相关的信息都应公平、及时地提供给所有相关的利益相关者，包括股东、员工、供应商、客户和监管机构。

2. 道德行为

诚信要求公司的所有成员，从高层管理人员到基层员工，都要遵循道德和专业的标准来行事。这意味着要避免欺诈、贿赂和其他非法或不道德的行为，以确保公司的声誉和业务连续性。

3. 责任与问责

诚信的公司会明确每个员工的职责和期望，并在出现问题时实施问责制。这有助于确保员工了解自己的责任，并在需要时接受相应的惩罚或奖励。

4. 良好的公司治理实践

诚信是良好公司治理实践的基石。这包括有效的董事会和监事会、清晰的决策流程、合规的财务报告和审计，以及强大的内部控制系统。

5. 利益相关者关系

诚信有助于维护公司与各利益相关者（如投资者、供应商、客户和公众）的良好关系。如果一个公司被认为是不诚实的，它可能会失去这些利益相关者的信任和支持，进而影响其长期的生存和成功。

在现代商业环境中，诚信不仅仅是公司文化的组成部分，更是公司竞争力和可持续发展的关键因素。缺乏诚信的公司可能会面临法律、财务和声誉风险，这可能会导致业务失败。因此，建立和维护诚信是公司治理的重要目标。

（二）公平

党的二十大报告指出："坚持把实现人民对美好生活的向往作为现代化建设的出发点和落脚点，着力维护和促进社会公平正义。"在现代企业治理中，公平不仅是社会的基本价值观，也是公司治理的原则。公平原则确保了所有股东、员工和其他利益相关者的权益得到平等对待和保护。

1. 平等决策权

公平原则要求公司治理中确保所有股东享有平等的决策权。这意味着无论股东持有的股份大小，他们的声音都应被平等地听取和考虑。公司治理结构应确保所有股东的权益得到公平对待。

2. 公正信息披露

公正信息披露是公司治理的基石之一。公司应及时、完整、准确地向所有股东和利益相关者提供有关财务状况、业绩、风险和其他重要事项的信息。公正的信息披露有助于维护市场公平性和投资者信心。

3. 平等机会与待遇

公平原则要求公司在招聘、晋升、培训和福利等方面提供平等的机会和待遇。这意味着公司应避免任何形式的歧视，确保所有员工都能够在公平、公正的环境中发挥自己的潜力。

4. 公正激励机制

公正的激励机制是公司治理的重要组成部分。公司应建立基于绩效的激励机制，确保员工的努力和贡献得到公平、合理的回报。同时，激励机制应透明、公正，避免任何形式的偏见和不当影响。

5. 公正责任与风险

公司治理应确保所有股东和员工公平地承担责任和风险。这意味着公司应建立健全的风险管理体系，确保所有利益相关者在面临风险时得到公平对待和保护。

6. 公平监督机制

公平原则要求公司建立有效的监督机制，确保公司治理的公正性和透明，这包括强化内部审计、独立董事会和外部监管等方面。通过这些监督机制，可以确保公司的决策和行为符合公平原则的要求。

7. 透明管理流程

为了实现公平原则，公司应建立透明的管理流程。这意味着公司的决策过程、管理规则和操作流程应公开、透明，方便所有股东和利益相关者了解和监督。透明的管理流程有助于增强公司的公信力和市场信誉。

8. 公正资源分配

公正的资源分配是公司治理的关键环节。公司应确保资源在各部门、业务单元和员工之间得到公平、合理的分配。这有助于实现公司的整体战略目标，同时保障各利益相关者的权益得到平等对待。

公平作为公司治理的原则，涵盖了平等决策权、公正信息披露、平等机会与待遇、公正激励机制、公正责任与风险、公平监督机制、透明管理流程以及公正资源分配等方面。这些方面共同构成了公司治理的公平体系，为公司的长期稳定和可持续发展提供了坚实的基础。为了实现公平原则，公司应不断完善治理结构、强化内部管理、加强外部监管，并积极推动企业文化的建设。只有这样，公司才能在激烈的市场竞争中立于不败之地，为股东、员工和社会创造更大的价值。

（三）透明

透明是现代公司治理的核心要素之一，它确保了公司的运作、决策和财务状况对所有利益相关者公开可见。透明的提高不仅有助于建立信任，还能促进有效的沟通和参与，从而为公司创造长期价值。

1. 信息公开透明

信息公开透明是公司治理的基础。公司应定期、全面、准确地公开有关其运营、财务、管理和治理结构的信息。所有利益相关者，包括股东、债权人、员工、供应商、消费者等，都有权获取这些信息，以做出明智的决策。

2. 财务透明

财务透明是公司治理的重要组成部分。公司应公开其财务状况、经营业绩和现金流量，确保所有利益相关者了解公司的经济实力、稳定性和增长潜力。这有助于建立信任，促进投资者信心，并维护公司的市场声誉。

3. 决策透明

决策透明要求公司在决策过程中提供足够的信息，并解释其决策背后的原因和考虑因素。这包括公司的战略方向、重大投资、并购活动、风险管理等。透明的决策过程有助于股东和其他利益相关者了解公司的战略意图，并评估其对公司未来的影响。

4. 风险防控与披露

透明的另一个关键方面是风险防控与披露。公司应全面评估和管理面临的各种风险，包括财务风险、运营风险、合规风险等，并及时向利益相关者披露这些风险及其影响。这有助于建立信任，增强投资者信心，并促进公司的长期稳定发展。

5. 内部审计与监控

内部审计与监控是确保公司治理透明的重要保障。公司应建立健全的内部审计机制，定期对公司的财务、运营和管理活动进行审查和评估，确保其合规性和准确性。同时，公司还应加强对管理层和员工的监控，确保其遵循公司的规章制度和道德标准。

透明是公司治理的重要原则，它涉及信息公开透明、财务透明、决策透明、风险防控与披露以及内部审计与监控等多个方面。通过提高透明度，公司可以建立信任、促进有效的沟通和参与，为公司的长期稳定和可持续发展奠定坚实基础。因此，公司应致力于提高透明度，不断完善治理结构和内部管理机制，以维护利益相关者的权益和公司的整体利益。

（四）负责

负责是现代公司治理的根本原则，它要求公司从高层到基层都要承担起对股东、员工、客户、社会等利益相关者的责任。一个负责的公司能够确保高效、稳健和可持续的运营，为所有利益相关者创造价值。

1. 董事会责任制度

董事会作为公司治理的核心机构，承担着重要责任。它负责制定公司的战略方向、监督公司的运营状况、确保公司遵守法律法规，并维护股东和其他利益相关者的权益。董事会成员应履行诚信、勤勉和谨慎的义务，以公司的整体利益为重。

2. 监事会监督

监事会是公司治理的重要机构之一，负责监督董事会和高管人员的行为，确保公司的决策和运营活动符合法律法规和公司章程。监事会应积极履行职责，对公司的财务状况、内部控制、风险管理等方面进行全面监督，发现问题及时提出改进意见。

3. 决策效率与效果

负责公司治理要求公司在决策过程中追求效率和效果。公司应建立健全的决策机制，确保决策的科学性、合理性和及时性。同时，公司应关注决策的执行效果，对决策结果进行监督和评估，及时调整和优化决策策略。

4. 利益相关者保护

公司治理应关注所有利益相关者的利益，包括股东、员工、客户、供应商和社区等。公司应通过制定公平、透明的政策和程序，确保利益相关者的权益得到充分保护。同时，公司应积极与利益相关者沟通，听取他们的声音和诉求，共同推动公司的可持续发展。

5. 合规守法经营

合规守法是公司治理的基础。公司应遵守国家法律法规和行业规范，不进行违法违规的经营活动。公司应建立健全的合规管理体系，加强对员工的合规培训和教育，确保公司的运营活动符合法律法规的要求。

负责是公司治理的原则，它要求公司从高层到基层都要承担起对股东、员工、客户、社会等利益相关者的责任。通过建立健全的董事会责任制度、高管诚信与透明、利益相关者保护、决策效率与效果、风险管理与内控、监事会监督作用、信息披露与沟通、合规守法经营等机制，公司可以确保高效、稳健和可持续的运营，为所有利益相关者创造价值。因此，公司应始终坚持负责的原则，不断完善治理结构和内部管理机制，以维护利益相关者的权益和公司的整体利益。

二、公司治理的宗旨

（一）创造股东、客户及其他利益相关者的价值

公司治理不仅是管理公司内部事务和确保合规的机制，更是一个为股东、客户及其他利益相关者创造价值的平台。股东是公司的资本提供者，客户是公司的收入来源，而其他利益相关者，如员工、供应商、合作伙伴等，都对公司的持续发展和价值创造起着重要作用。因此，公司治理的宗旨在于最大化地满足这些利益相关者的需求和期望，从而实现公司的长期成功。

1. 股东价值的创造

股东作为公司的投资者，其利益的保护和价值的增长是公司治理的首要任务。为此，公司需要做到以下几个方面。

（1）确保透明度和公正性。通过定期发布财务报告和相关信息，确保股东能够及时了解公司的经营状况和财务状况。

（2）提高投资回报率。通过有效的战略规划和运营管理，提高公司的盈利能力，从而为股东创造更多的价值。

（3）促进股东参与。鼓励股东参与公司治理，提供便捷的投票渠道和信息披露平台，使股东能够积极参与公司的决策过程。

2. 客户价值的创造

客户是公司收入的源泉，因此，公司治理应当关注如何更好地满足客户需求和提高客户满意度。

（1）提升产品和服务质量。通过持续改进和创新，确保公司提供的产品和服务能够满足客户的期望。

（2）加强客户沟通和互动。积极与客户保持联系，了解客户的反馈和需求，及时调整和优化产品或服务。

（3）建立品牌形象和忠诚度。通过良好的品牌形象和优质的客户服务，建立客户忠诚

度，从而提高公司的市场竞争力。

3. 其他利益相关者的价值创造

（1）员工的权益和福利。提供公平、合理的薪酬和福利待遇，为员工提供良好的工作环境和发展机会。

（2）与供应商和合作伙伴的公平交易。确保与供应商和合作伙伴之间的合作公平、公正，共同创造更大的商业价值。

（3）履行社会责任。关注环境保护、社会公益等议题，积极履行公司的社会责任，为社会创造更大的价值。

（二）重视小股东的利益

党的二十大报告指出："营造有利于科技型中小微企业成长的良好环境。"重视小股东的利益确实是公司治理的宗旨之一。公司治理不仅仅关注大股东或管理层的利益，而是要平衡各方利益相关者的权益，包括小股东。

1. 增强小股东信任

重视小股东的利益有助于增强股东对公司的信任。当小股东感到他们的权益得到充分保护时，他们更有可能长期持有股份，这为公司提供了稳定的资本基础。此外，这种信任还可以促进公司与股东之间的良好沟通，提高公司的整体声誉。

2. 促进股东参与

公司治理鼓励所有股东积极参与公司的决策过程。通过提供便利的投票渠道和有效的沟通机制，可以确保小股东的声音被听到并考虑在内。这不仅提高了决策的质量，还增强了小股东对公司的归属感和忠诚度。

3. 平衡控制权

在大股东和小股东之间，可能存在控制权的差异。重视小股东的利益意味着在公司治理中寻求控制权的平衡。这样可以防止大股东滥用权力，保护小股东的权益，确保公司的决策能够反映所有股东的利益。

（三）追求股东、员工及专业经理人的共赢

公司治理的宗旨是确保公司的长期稳健运营，并最大限度地保护和增进所有利益相关者的利益，这包括股东、员工以及专业经理人。追求股东、员工及专业经理人的共赢是公司治理的一个重要目标。

首先，股东作为公司的投资者，享有公司的所有权和分红权。公司治理需要确保股东的权益得到充分保护，并通过建立有效的激励和监督机制，促使管理层为股东利益最大化而努力。同时，股东的利益得到保障，也将为公司提供稳定的资金来源，支持公司的长期

发展。

其次，员工是公司的重要资源，他们的创造力、积极性和工作效率直接影响着公司的运营绩效。公司治理应该关注员工的权益和福利，提供公平、安全、健康的工作环境，激发员工的工作热情和创新精神。通过培养和激励员工，公司可以提高自身的竞争力和创新能力，实现可持续发展。

最后，专业经理人作为公司的管理者和决策者，对于公司的运营和发展具有至关重要的作用。公司治理应该确保专业经理人得到充分的授权和支持，同时建立有效的监督和约束机制，防止经理人的不当行为损害公司和股东的利益。同时，专业经理人也应该以股东和员工的利益为出发点，制定合理的战略和决策，推动公司的长期发展。

追求股东、员工及专业经理人的共赢确实是公司治理的一个重要宗旨。通过平衡各方利益相关者的权益和利益，确保公司的长期稳健运营和可持续发展。这不仅可以为股东带来长期回报，也可以为员工和经理人提供良好的工作环境和发展机会，实现共同的价值和成长。

（四）落实公司经营权与所有权的责任分离

落实公司经营权与所有权的责任分离可以被视为公司治理的一个重要方面。

首先，明确经营权与所有权的责任分离是现代公司治理的基础。所有权代表股东对公司的财产拥有权，而经营权则是指管理层负责公司的日常运营和决策。将这两者进行责任分离，意味着所有者不直接参与公司的日常经营，而是通过选举董事会等方式行使权利；而管理层则受托于董事会，负责公司的具体运营和决策，并对董事会和股东负责。

其次，责任分离有助于维护公司的独立性和专业性。所有权与经营权的分离使得管理层可以专注于公司的运营和发展，而不受股东日常干预的影响。这有助于公司更加灵活地应对市场变化，提高运营效率，实现长期发展。

此外，责任分离还有助于建立有效的监督和制衡机制。在经营权与所有权分离的情况下，股东可以通过董事会等机制对管理层进行监督和约束，防止管理层滥用权力或损害股东利益。同时，管理层也需要在董事会的指导下进行决策，确保公司的决策符合股东的利益和期望。

（五）建立信息透明化的机制

建立信息透明化的机制是公司治理的重要方面。信息透明化机制的建立对于公司治理而言至关重要，因为它有助于增强公司的信任度和可信性，促进股东、员工、专业经理人以及其他利益相关方之间的沟通和理解。透明化的信息可以确保所有相关方都能够获得准确、及时和全面的信息，从而做出更加明智的决策。具体来说，信息透明化机制可以包括以下几个方面。

1. 信息披露制度

公司应建立规范的信息披露制度，确保重大事件、财务状况、经营成果等重要信息能够及时、准确、完整地披露给所有相关方。

2. 信息披露平台

公司可以建立专门的信息披露平台，通过网站、公告、年报等方式向公众发布信息，这有助于提高信息的可及性和透明度。

3. 信息披露程序

公司应制定清晰的信息披露程序，明确信息发布的流程、标准和要求，确保信息的准确性和公正性。

4. 监督和评价

公司应建立监督机制，对信息披露的质量和透明度进行监督和评价。同时，可以引入第三方机构进行独立审计和评估，提高信息的可信度。

（六）提升企业形象

提升企业形象是公司治理过程中的一个积极成果，可以通过多种途径实现，如加强社会责任履行、提高信息透明度、加强品牌建设等。一个积极的企业形象有助于增强公众对公司的信任，提升公司的声誉，进而有助于吸引投资者、客户和合作伙伴，促进公司的长期发展。

（七）追求企业基业长青的价值

追求企业基业长青的价值体现了公司治理的长期性和持续性，通过有效的公司治理，企业可以建立稳定的管理体系、培养持续创新的能力、塑造良好的品牌形象，从而实现基业长青。

追求企业基业长青需要公司具备持续发展的动力和能力。这包括在市场竞争中保持优势、不断创新和适应变化、积极履行社会责任等。公司治理应为公司提供稳定的内部环境，确保公司在复杂多变的商业环境中能够保持稳健的发展态势。

▶ **实务精讲**

国美电器

1987年，黄光裕在北京创立了第一家国美电器店（不足100平方米），经营进口家电产品。

1999 年，国美电器率先走出北京，在行业内首次迈出了异地连锁的步伐，最早成功地实现了跨区域连锁经营，并长期保持先发优势。

2004—2006 年，黄光裕个人国美持股比例，一度超过 75%，是黄光裕的"绝对控制"时代。正是在这一时期，黄光裕凭借其"绝对控股"地位，对国美的公司章程、管理者权力之源，进行了多次修改。

2004 年，国美电器在香港成功借壳上市（注册地为百慕大），成为知名的大型上市公司。之后，黄光裕先后四次被评为中国富豪榜首富。

2005 年开始，国美在全国掀起并购狂潮，先后成功收购哈尔滨黑天鹅、广州易好家、中商家电、常州金太阳、上海永乐、北京大中、山东三联等。

2006 年，上海永乐创始人兼董事长陈晓被黄光裕任命为国美 CEO。

2006 年，国美电器股东大会对公司章程进行了一次最为重大的修改。

1. 董事会可以随时调整董事会结构（无需股东大会批准，可随时任免、增减董事，并不受人数限制）。

2. 董事会有权以各种方式扩大股本，包括供股（老股东同比例认购）、定向增发（向特定股东发行新股）以及对管理层、员工实施各种期权、股权激励等。

3. 董事会可以订立各种重大合同，包括与董事会成员"有重大利益相关"的合同。

在此期间，黄光裕利用自己制定的游戏规则，套现上百亿，持股比例从 75% 下降至 34%，利用拆借的资金高效率地完成了鹏润地产投资，收购大中电器、三联商社。（后来遭到起诉）

2008 年 3 月，中国连锁经营协会发布"2007 年中国连锁百强"经营业绩，国美电器以 1023.5 亿元位列首位（1200 多家直营店）；睿富全球最有价值品牌中国榜评定国美电器品牌价值为 490 亿元，成为中国家电连锁零售第一品牌。

2008 年 12 月，黄光裕因涉嫌经济犯罪被拘留调查，国美出现危机。

2008 年黄光裕突然身陷囹圄，陈晓临危受命，接任董事局主席，在国美最危急时刻，动用了黄光裕授予国美董事会的最高权力，实施了引入贝恩资本、调整黄光裕时代大举扩张的经营思路等举措，让国美度过危难。

陈晓将黄光裕的这些"遗产"运用得淋漓尽致。国美董事局一再强调是按照章程办事，引入贝恩资本、股权激励都是在股东会授权的前提下进行的，不需要同大股东黄光裕商量。

风雨过后，狱中黄光裕感到权力旁落的失落，希望收回成命，通过更换国美董事的方式重新控制国美。但陈晓没有配合黄光裕的想法自动辞职退出，而是选择站在中小股东一边，与管理团队坚守董事席位。于是国美帝国的黄陈之争由此而起。

2009 年 1 月 16 日，黄光裕辞去董事职务，并终止董事会主席的身份；陈晓临危受命接任董事会主席的职务，并兼任行政总裁，国美电器正式进入陈晓时代。

2009 年 6 月 6 日，国美电器召开董事会，全票通过了贝恩资本注资国美电器的方案。据有关媒体透露，签署该协议并未听取大股东黄光裕的意见，且签了"极为苛刻的绑定条款"。该条款包括：

1. 陈晓的董事会主席至少任期 3 年。

2. 确保贝恩的 3 名非执行董事和 1 名独立董事进入国美董事会。

3. 陈晓、王俊洲、魏秋立三名执行董事中至少两名不被免职。

4. 陈晓以个人名义为国美做贷款担保，如果离职将很可能触及违约条款。以上事项一旦违约，贝恩就有权要求国美以 1.5 倍的代价即 24 亿元赎回可转债。

2009 年 7 月 7 日，国美电器董事会公布了总计 7.3 亿港元的股权激励方案，涉及股权占总股本的 3%，获得股权激励的管理人员包括分公司总经理、大区总经理，以及集团总部各中心总监、副总监以上级别，共有 105 人。股权激励方案规定，获得认购权的高管在今后 10 年内，可以按照 2009 年 7 月 7 日的国美电器收盘价 1.9 港元，买入相应数量的公司股份。

黄光裕指责陈晓"慷股东之慨，并将其他董事和高管绑上了自己的'战车'"。

2010 年 5 月 11 日，国美电器在香港召开股东周年大会，黄光裕全资子公司 Shinning Crown 提起否决权，罢黜贝恩资本在国美董事会的三个席位。当晚，以董事会主席陈晓为首的国美电器董事会以"投票结果并没有真正反映大部分股东的意愿"为由，在当晚董事会召开的紧急会议上一致否决了股东投票，重新委任贝恩的三名前任董事（包括竺稼）加入国美董事会。

2010 年 8 月 4 日，董事局主席陈晓收到黄光裕代表公司的函件，要求召开临时股东大会撤销陈晓董事局主席职务、撤销国美现任副总裁孙一丁执行董事职务，同时收回对董事会增发股票的一般授权等。

2010 年 8 月 5 日，国美电器在港交所发布公告，宣布将对公司间接持股股东及前任执行董事黄光裕进行法律起诉，针对其于 2008 年 1 月及 2 月前后回购公司股份中被指称的违反公司董事的信托责任及信任的行为寻求赔偿。

至此，黄光裕与国美电器现任管理层的矛盾大白于天下。

2010 年 8 月 23 日，国美宣布股东特别大会于 9 月 28 日举行。

2010 年 8 月 24—25 日，黄光裕斥资 2.91 亿港元增持国美 0.8% 股权。

8 月 30 日至 31 日，黄光裕在再度斥资 4 亿港元，买进 1.77 亿股，至此，黄光裕持股总量增至 35.98%，在股东大会中的话语权进一步加强。

9 月 15 日，贝恩如约履行债转股的承诺，持有国美扩大后股本约 9.98%，成为第二大股东。目前黄氏家族股权已摊薄到 32.47%，陈晓及其一致行动人加上贝恩的持股比例有 15.1%。

国美之所以会引发控制权之争，在于从家族式民营企业向现代公众公司转变过程中带来的不可避免的阵痛。国美之争对于诸多跃跃欲试于资本市场的家族式民营企业而言，是一个很好的教材。

三、公司治理的模式

（一）英美模式

公司内部的权力分配是通过公司的基本章程来限定公司不同机构的权力并规范它们之间的关系的。各国现代企业的治理结构虽然都基本遵循决策、执行、监督三权分立的框架，但在具体设置和权力分配上却存在着差别。

（二）德日模式

德日治理模式被称为是银行控制主导型，商业银行是公司的主要股东，法人持股或法人相互持股，拥有严密的股东监控机制。

德国的公司治理模式建立在银行主导的金融体制之上，不依赖资本市场和外部投资者。以银行为主的金融机构在公司治理结构中发挥重要作用，不仅提供融资，而且控制公司的监事会，凭借内部信息优势，发挥实际的控制作用。德国的公司治理采用"双层委员会制"，即监事会与董事会上下隶属的双层结构。监事会由股东代表和职工代表共同组成，负责监督公司政策制定、执行目标拟定、执行过程监控、执行结果评价，并提名决定董事会成员。董事会则负责公司的执行工作。这种治理模式旨在强化股东对经营管理者的控制与监督。

日本的公司治理模式，银行在公司治理中扮演重要角色。日本公司的银行经常位列公司的五大股东之中，甚至可能排在第一、二位。日本公司中还存在交叉持股的现象，即两个以上的公司相互持有对方的股份。然而，这种交叉持股制度可能导致稳定股东对企业的盈利情况漠不关心，从而降低股东对经理的监督作用。另外，日本特有的劳资制度，如终身雇佣制和年功序列制，也对公司治理产生影响。终身雇佣制意味着员工在一家公司工作直到退休，而年功序列制则强调员工的薪酬和晋升与其在公司的工作年限挂钩。这些制度有助于提高员工的忠诚度，但也可能对公司的创新和变革产生一定的制约。

（三）家族模式

企业所有权或股权主要由家族成员控制，企业主要经营管理权掌握在家族成员手中，企业决策家长化，经营者激励约束双重化，企业员工管理家庭化，来自银行的外部监督弱。

世界500强的第一位沃尔玛是家族企业，500强里面有175家家族企业，美国公开上市公司里面亦 48% 是家族企业。无数伟大的公司都是家族企业（欧莱雅、西门子、家乐福），也许只有家族企业，才能使股东、高管的利益完全一致。

四、影响公司治理的因素

（一）股东

股东影响公司治理的方式和程度取决于其持有的股份比例、股东类型（如个人股东、机构投资者等）以及股东参与公司治理的意愿和能力。

1. 股东投票权

股东通过持有公司股份获得投票权，可以参与公司重大决策，如选举董事会成员、审议公司年度财务报告、决定公司合并或分立等。股东的投票权可以直接影响公司决策的结果和方向。

2. 股东利益诉求

股东作为公司的所有者，关注公司的盈利能力和长期发展。他们通过股东大会、董事会和其他渠道表达对公司的期望和诉求，对公司的经营策略、风险管理和公司治理结构等方面产生影响。

3. 股东监督和激励

股东可以通过监督董事会和管理层的行为，确保他们按照公司的最佳利益行事。同时，股东也可以通过激励机制（如股权激励计划）来激励管理层为公司创造更多价值。

4. 股东参与公司治理

一些大型机构投资者或长期投资者会积极参与公司治理，通过提名董事、参与董事会决策、提出公司治理改进建议等方式，提升公司治理水平。

然而，股东对公司治理的影响也受到其他利益相关者的影响和制衡。例如，董事会和管理层负责公司的日常运营和决策，他们需要在维护股东利益的同时，平衡其他利益相关者的诉求。此外，监管机构、法律制度和社会公众也对公司治理产生重要影响。

（二）市场

市场机制在公司治理中发挥着重要的作用，主要体现在以下几个方面。

1. 资本市场

二十大报告指出："健全资本市场功能，提高直接融资比重。"资本市场是公司治理的重要外部监督机制。股价的波动和资本市场的信息披露要求可以促使公司管理层更加注重公司的长期发展和盈利能力，从而优化公司治理结构。此外，资本市场的并购和接管机制也可以对公司管理层产生压力，促使他们更加注重公司的业绩表现。

2. 产品市场

产品市场的竞争程度对公司治理有着重要影响。在竞争激烈的市场环境中，公司需要更加注重产品质量、成本控制和市场营销等方面，以满足消费者的需求。这种竞争压力可以促使公司管理层更加注重公司的运营效率和市场竞争力，从而优化公司治理结构。

3. 劳动市场

劳动市场对公司治理的影响主要体现在企业家市场（即经理人才市场）的声誉机制、企业家才能的评价与信号显示机制等方面。一个有效的劳动市场可以对公司管理层产生激励和约束作用，促使他们更加注重公司的长期发展和业绩表现。同时，劳动市场也可以为公司提供优秀的管理人才，为公司治理提供有力支持。

市场是影响公司治理的重要因素之一，通过市场机制的作用，可以促进公司治理结构的优化和完善，提高公司的治理效率和运营效益。然而，市场机制的作用也需要与其他公司内部和外部的治理机制相互协调和配合，才能实现最佳的公司治理效果。

（三）中介机构

中介机构在公司治理中扮演着重要的角色，中介机构主要包括投资银行、会计师事务所、律师事务所等，它们在公司治理中发挥着以下作用。

1. 提供专业服务

中介机构以其专业知识和技能，为公司提供审计、税务、法律、财务咨询等服务。这些服务有助于公司建立健全的治理结构、提高运营效率、确保合规性，并促进公司的长期发展。

2. 监督与制衡

中介机构在一定程度上起到了监督和制衡的作用。例如会计师事务所对公司的财务报表进行审计，确保其真实、准确和合规，从而有助于防止财务舞弊和不当行为。律师事务所则为公司提供法律咨询，确保其合法合规运营。

3. 信息披露与透明

中介机构在公司信息披露方面发挥着关键作用。他们协助公司编制和发布财务报告、公告和其他重要信息，增强公司的透明度，使投资者和其他利益相关者能够更好地了解公司的运营状况和财务状况。

4. 提供治理建议

中介机构通常具有丰富的行业经验和专业知识，可以为公司提供关于治理结构和治理实践的建议。这些建议有助于公司改进治理结构、提高治理效率，并应对各种治理挑战。

虽然中介机构在公司治理中发挥着重要作用，但也存在一些潜在的风险和冲突。例如，中介机构可能因利益冲突或不当行为而损害公司的利益。因此，公司在选择中介机构时需要谨慎，并建立有效的监督机制以确保其服务质量和诚信度。

（四）法律和政府

首先，法律体系为公司治理提供了基本框架和规则。健全的法律法规体系可以为公司提供明确的指导和规范，使公司治理行为有法可依、有章可循。法律对公司治理的影响主要体现在保护股东权益、规范董事会和监事会的运作、加强信息披露等方面。当法律制度完善且执法力度强时，可以形成对公司治理违法违规行为的直接威慑，从而降低公司治理风险。

其次，政府行为和干预水平也是影响公司治理的关键因素。政府在公司治理中扮演着监管者和政策制定者的角色，其政策和行为可以对公司治理产生重要影响。例如，政府可以制定相关政策和法规，要求上市公司达到一定的公司治理标准。同时，政府还可以通过监管机构对公司的财务、运营等方面进行监督和检查，以确保公司合规运营。此外，政府还可以通过国有股权对公司进行控制和影响，从而影响公司的治理结构和行为。

法律和政府对公司治理的影响并不是孤立的，而是相互交织在一起的。法律体系的建设和完善需要政府的推动和支持，而政府的政策和行为也需要遵循法律法规的规范和指导。因此，在探讨公司治理问题时，需要综合考虑法律和政府的影响，以确保公司治理的有效性和合规性。

（五）公司文化

首先，公司文化可以塑造员工的行为和价值观，从而影响公司的决策和战略方向。一个积极向上的公司文化可以激发员工的创造力和责任感，促使他们为公司的长期利益而努力工作。相反，如果公司文化消极或者不明确，可能会导致员工缺乏方向感和动力，从而影响公司的治理效果。

其次，公司文化可以影响公司的内部控制和风险管理。良好的公司文化可以强化员工的道德观念和风险意识，使他们在面对潜在风险时能够主动采取措施进行防范和控制。这有助于提高公司的内部控制水平，降低风险发生的可能性。

此外，公司文化还可以影响公司与外部利益相关者的关系。一个积极、透明的公司文化可以增强公司与投资者、客户、供应商等外部利益相关者之间的信任和合作，为公司的长期发展创造良好的外部环境。

▶ **实务精讲**

海尔集团的公司治理

第一部分　海尔集团简介

海尔集团创立于 1984 年，多年以来，坚持创业和创新精神创世界名牌，已经从一家濒临倒闭的集体小厂发展成为全球拥有 7 万多名员工、2010 年营业额 1357 亿元的全球化集团公司。"海尔"已跃升为全球白色家电第一品牌，并被美国《新闻周刊》（Newsweek）网站评为全球十大创新公司。

第二部分　海尔集团目前的治理架构和方式

集团内部形成适应经营特点的"联合舰队"体制框架，下属企业也按（公司法）进行产权规范，建立了母公司与子公司，子公司与子公司之间相互交叉持股、参股的多元投资主体的产权关系。集团兼并的 18 个企业，无论是国有企业还是其他所有制成分的企业，都与集团公司形成了出资与被出资的明晰的产权关系，集团内部建立和完善了以资本为纽带的母子公司体制。

海尔集团实行总经理负责制。集团总部设五个中心。规划发展中心、财务中心、资产运营中心、人力资源开发中心、企业文化中心，都是集团的职能管理部门。海尔集团通过党政联席会议决定重大事项，参加会议人员有集团公司总裁、集团公司其他负责人、党务负责人等。1993 年 3 月资产管理委员会成立，资产管理委员会是集团的议事机构，由集团总经理张瑞敏任管委会主任。集团管委会由公司正副总经理、党委正副书记和子企业法人代表、职能部门负责人及职工代表组成，探讨研究监督集团的重大决策和实施。海尔集团的党组织在集团中发挥政治核心作用，党委书记由总裁兼任，党委副书记兼纪检书记，在党政联席会议中，有党务负责人参加，集团中党的工作专职人员不超过 10 人，纪检、工会、共青团职务是兼职。中层管理干部、人才库的负责人必须是党员，在实现敬业报国的集团精神中，党员起着模范作用。

首先，世界 500 强企业中有 80% 以上都成功地进行了产融结合的运作。海尔希望通过投资金融企业产生跨行业的协同效应。金融业对产业的支持可通过向消费者提供消费信贷等一系列金融创新的行为提高产品在市场上的竞争力，为全球化提供金融服务，提高集团的整体业务的抗风险能力，与资本市场的运作相结合；海尔在产业上的优势，如遍布全球的客户网络、用户资源等也可为金融的发展提供支持。

海尔正尝试"通用"模式，并经历过"名牌战略阶段""多元化战略阶段"，现正进入"国际化战略阶段"。要成为中国的 GE，海尔必须做到"经营国际化""主导产业服务化"和"跨国经营管理的本地化"。虽然现在海尔的家电比例较重，而且不拥有类似 GE 的高附加价值的产品，但其品牌价值和销售渠道是其核心的竞争力。这样，海尔可以充分利用交叉销售模式，也就是充分利用客户的信息资源，销售更多的产品和服务给同一顾客。

因此，海尔战略的着眼点应是业务流程，而不单单是产品和市场，同时要把业务流程转化为战略能力，不断为顾客提供超值服务。这样，一旦以公司的潜在能力为基础重组公司，便可以利用这些能力为公司确定新的经济增长点，使公司可以在不同的地区、产品和业务方面具有竞争能力。

第三部分　海尔集团战略分析

一、多元化能够规避风险，协同品牌谋求进一步发展

协同品牌是指两个或多个已有的品牌以某种形式结合在一个产品上或共同营销的方法。由于海尔以上的两大拳头产品面临着极大的挑战，尤其是进入 WTO 后。最近价格战频繁发起，导致家电行业的整体利润缩水，于是多元化成为海尔的头等选择。为了加速其进入"世界五百强"目标的进度，海尔开始在多个领域，如金融业、高新技术产业，开始实施其多元化战略。例如，先是收购鞍山信托 20%股权，后与长江证券洽谈增资控股，又要入主青岛市商业银行；另外，与美国纽约人寿合资经营寿险公司。一切迹象表明作为家电巨子的海尔，近日频频向金融领域伸出橄榄枝。家电企业与金融资源结合后的利润空间令不少市场人士猜测，海尔意在构筑明日的金融帝国。

海尔的以上动作意味着海尔战略转移的开始，它有意识借鉴通用电气等国外大企业的成功经验，以产业资本进入金融行业。其风险在于，海尔的管理能力与企业文化在金融领域能否获得成功。现在，海尔是以高起点，强势进入金融行业的，这就要求它在一个大的平台上去运作，就需要具有整合资源的能力。金融行业与制造业是不同的，如果运作不好风险很大。好在海尔选择的是一家上市公司，上市公司资产的流动性比较强，如果运作不好还可以退出，所以收购上市公司可以规避难以退出的风险。家电企业的现金流比较好，如果海尔年收入达到 400 亿元，估计现金流能达到 800 亿元，投资金融行业，资金可以更好地发挥作用。

海尔要走向国际市场，要扩大规模，要保持高速发展，必须搭乘金融这条大船，才能平稳发展。很难说最近一年来国际市场的动荡以及国内家电业绩持续下滑，是否加速了海尔进入金融业，不过，海尔的动作确实让我们看到它需要的不仅仅是一个壳（此前，手机业务在香港借壳上市），这或许说明，海尔认为一条大船要航行得更快，就需要分拆业务去上市，一来可以借助资本发展得更快，二来可以分散风险。

二、由于市场变幻、时间压力等因素的影响，使多元化战略必须深思熟虑后决定

对于多元化战略的战略，从以下八个方面考虑。

(1) 企业的战略资产及其特性是多样化决策的起点。

(2) 现有战略资产与拟进入的新产业之间是否存在协同效应。

(3) 企业进入新产业是否还需要其他不可缺少的战略资产。

(4) 企业可以通过什么途径获得其他不可缺少的战略资产。

(5) 如何将现有的关联战略资产与新获得的战略资产在新产业领域整合。

(6) 在新的产业领域创造新的特有战略资产和竞争优势的可能性。

(7) 多样化的成功对原有主业有何积极影响。

(8) 现在采取的多样化战略对将来多样化的影响。

三、多元化的解决方案

要成功地实施多元化战略，海尔应成为一个控股公司，用其品牌来支持不同领域的产品。控股公司不能只着眼于下属业务部门之间的相互联系，而要看他们的专长与业务需求之间的契合程度以及拥有这些业务是否能为公司创造价值还是破坏价值。例如，海尔的手机和电脑这类看来似乎相关的业务，实质上需要不同的管理和技术。因此，改变公司的业务组合以适应控股公司比改变控股公司以适应其业务要更容易。要判断这种契合程度，应考虑以下四个方面。

（1）成功开展业务的关键因素。这样我们可以判断哪些地方控股公司能产生积极的影响，哪些地方有消极的影响。

（2）在哪些业务领域有改善的机会，这些是控股公司可以增值的地方，代表提高业绩的潜力。

（3）分析控股公司的特点，并把它们归类。这样可以确保公司在判断其影响与商机和业务需要是否有可能契合时，能对控股公司的特点有全盘的考虑。

（4）财务结果。根据各业务在控股公司影响下取得的业绩，来检验公司的判断是否正确。

然后，根据以上衡量出来的结果，把这些业务分为五类。

（1）非常契合（中心地带，优先发展）。

处于该地区的业务有改进业绩的机会，而且控股公司知道如何去改进，这些业务具备控股公司非常了解的成功关键因素。同时，控股公司不存在破坏价值的特点，而其特点与业务的成功因素不存在任何冲突，如海尔的激活"休克鱼"的做法。处于中心地带的业务应在公司的业务组合中占优先地位。

（2）某些地方不合（中心地带的边缘业务，谨慎考虑）。

控股公司会有些地方与处于该区域的业务契合，有些则不能。因此，控股公司必须对成功的关键因素有透彻的了解，避免那些带来破坏价值的影响，如海尔进入人寿保险业，充分发挥海尔的"以人为本"的企业文化以及其品牌的影响力。另外，现在海尔做金融的样本就是GE通用电气公司。美国通用"产融结合"模式就是"交叉销售"模式，GE充分利用客户信息资源销售更多种产品与服务给同一客户的一种销售方式。美国通用汽车公司可以向客户提供购车贷款服务，通用汽车有自己的银行提供贷款意味着增加业务。对通用公司而言，可以充分利用与客户的良好关系使客户的价值最大化，省去开发新客户所耗费的时间与费用。GE每年1200多亿美元的收入，其中金融占了近一半。在欧洲某些市场，GE出售每台汽车获利可能只有5美元左右，但是通过售后、租赁、消费信贷等服务，GE同样可以获得可观的利润。像海尔这样拥有知名家电品牌、拥有最终客户的管理经济学企业采取GE此类模式的确得天独厚。

（3）某些地方步契合（核心业务，有可能的话考虑出售）。

海尔的白色家电业属于其核心业务，是公司维持稳定的重要来源，为公司创造稳定的现金流和可靠的收入。但该业务可能拖公司的后退，减缓创造价值的速度，分散控股公司经理开展其他价值更高的经营活动的注意力。因此，海尔应在其白色家电业务中寻找新的控股机会，把它们转化为 1 或 2 的类别。如果努力失败，一旦发现其收购价超出这项业务的今后现金流的预期折现价格，则应考虑把这项业务脱手。

（4）虽然比较契合，但进一步创造价值的机会不大（立即出售）。

例如，海尔的个人电脑项目。虽然表面上看它使用了海尔原有的服务渠道和市场声誉，但一直无法超过联想、戴尔、方正等 PC 商。销售电脑的关键在于如何缩短存货周期并为客户提供定制化服务。也就是说，海尔并不拥有这方面经营的专业知识。

（5）有可能破坏价值（关注与成功关键因素不契合的业务，放弃）

例如，海尔目前的药业和地产业逐渐势弱，创造价值的可能不大但有可能破坏其价值，与控股公司相抵触。在业务组合中数量较少，应尽快放弃或出售。

任务三　公司法视域下的公司治理

一、新公司法颁行

2023 年的岁末年终的 12 月 29 日，十四届全国人大常委会第七次会议通过新修订的《中华人民共和国公司法》，自 2024 年 7 月 1 日起施行。

（一）规范公司的组织和行为

《公司法》具有组织法和行为法的双重属性，在公司的内部建立完善的公司治理体系，规范对外交易行为。组织法层面以组织人格为中心的，涉及组织人格的形成、运营、变更和解散。行为法层面则体现为公司的交易行为、契约关系。

1. 公司治理新理念

对公司的监事会做了改革，在董事会下面设置了审计委员会的公司，可以不设监事会；有限责任公司的注册资本由原来的认缴制修改为实缴制，实行有期限的注册资本认缴制；股份公司实行授权资本制；取消设立公司最低注册资本的规定；完善公司法人人格否认制；新增加一人股份公司。随着数据增长和竞争加剧，大型互联网公司正在形成自己的数字生态系统。未来数字经济将呈现出小型数字生态系统的局面，专注于特定行业或服务领域，对数字经济的可持续发展至关重要。

2. 公司设立与登记

公司是市场经济条件下、适应社会化生产而产生的现代企业组织形式。作为市场主体，其设立和行为是否规范，治理结构是否科学合理，直接关系到公司能否以最有效的方式从事经营活动、创造社会生产力。修改公司法，力求通过为公司提供切实可行的制度设计，以规范公司的组织和行为，使公司能够按照法律的规范设立并进行活动，以充分发挥其优势、促进市场经济的发展。《公司法》对公司设立的条件、设立程序和设立登记做出了明确规定。在设立公司时，必须符合法律规定的条件，并按照法定程序进行申请和登记。登记机关对符合条件的公司予以登记，并发放营业执照。

3. 公司章程制定

公司章程是公司的组织规程和行为准则，对公司具有法律约束力。公司章程必须明确规定公司的名称、住所、经营范围、股东权利义务、股权转让、股东会、董事会、监事会等内容，并经股东或发起人签署或盖章。

4. 股东权利与义务

《公司法》规定了股东的权利和义务，包括股东的知情权、表决权、分红权等权利以及出资义务、股权转让义务等。同时，公司法还规定了股东会、董事会和监事会的职权和运作规则。

▶ **实务精讲**

案例：某公司股东甲未按照约定时间交付注册资本，其他股东是否有权要求其履行义务？

解析：根据《公司法》的规定，股东应当按照约定时间交付注册资本，若未按照约定时间交付，则构成违约行为。其他股东有权要求该股东履行义务，包括支付未交付的注册资本。

5. 董事会与监事会组织

公司设立董事会和监事会，并明确了各自的职权和运作规则。董事会是公司的执行机构，负责公司的日常经营和管理；监事会则负责对公司的财务和经营状况进行监督。新修订的《公司法》对此还出了新规定：在董事会中设置由董事组成的审计委员会，行使公司法规定的监事会的职权，不设监事会或者监事。

6. 公司的股份发行与转让

公司的股份可以发行和转让。发行股份必须符合法律规定的条件和程序，转让股份则必须遵守公司章程和法律的规定。

7. 公司的财务与会计制度

《公司法》规定了公司的财务和会计制度，包括财务报表的编制、审计、税务等方面的规定。这些制度旨在确保公司的财务透明和合规性。

8. 公司的合并与分立

《公司法》允许公司进行合并和分立，但必须符合法律规定的条件和程序。在公司合并或分立时，必须对公司的资产、负债等进行清算和分配。

（二）保护公司、股东、职工和债权人的合法权益

公司拥有独立的法律人格和独立财产；股东是公司的出资人，享有股东权利；职工是公司价值的贡献者，其权益亦应保护；债权人也是公司资产的提供者。公司、股东、职工和债权人的合法权益受《公司法》的保护。

1. 公司合法权益的保护

《公司法》为公司提供了法律框架，确保其合法经营和稳定发展。它规定了公司的设立、组织、运营和管理，确保公司能够正常、有序地开展业务。

2. 股东合法权益的保护

股东是公司的所有者，其权益受到公司法的保护。《公司法》明确规定了股东的权利，如知情权、表决权、分红权等，并禁止任何形式的股东歧视。此外，股东的股权转让和退出机制也受到法律的保护。

3. 职工合法权益的保护

《公司法》注重对职工权益的保护，包括提供公平的就业机会、合理的工作条件、安全的劳动环境和合法的劳动报酬等。公司必须遵守劳动法规定，保障职工的合法权益不受侵犯。

4. 债权人合法权益的保护

债权人是公司债务的持有者，他们的权益也受到公司法的保护。《公司法》规定，公司必须进行合规的财务管理，确保债权人的利益不受损害。在债务到期时，公司必须按照约定偿还债务。公司是以资本联合为基础的经济组织，享有独立的法人财产权；股东是出资者，享有股权；其他经济主体在经济活动中与公司发生经济往来，可能成为公司的债权人，他们的合法权益都应当受到法律的保护。修改公司法，就是要明确规定公司的权利和义务：对内规范公司与股东的关系，对外规范公司与交易对方的关系；并通过对违法行为的民事、行政制裁措施，切实保护公司、股东和债权人的合法权益。

（三）完善中国特色现代企业制度

企业是促进共同富裕的重要力量，完善中国特色现代企业制度，有助于加快世界一流企业的建设。

1. 对公司治理结构的规范

《公司法》明确规定了公司治理结构，包括股东会、董事会和监事会的组成及职权。这种治理结构有助于明确各方的权利和义务，提高公司的决策效率和经营水平。同时，公司法还强调了信息披露和透明的重要性，以保护投资者的利益。

2. 激励与约束机制的完善

《公司法》通过建立有效的激励与约束机制，激发了企业内部的活力。例如股权激励计划、员工持股计划等制度安排，有助于将公司的发展与员工的利益紧密结合，提高员工的积极性和创造力。同时，公司法还强化了对公司高管的监督和制约，防止权力滥用和利益输送。

3. 风险防范与应对

《公司法》强调了企业风险防范与应对的重要性，要求企业建立健全的风险管理机制。通过风险预警、风险评估和风险应对等环节，企业能够及时发现潜在风险并采取有效措施加以化解，确保企业的稳健发展。

4. 社会责任的强化

《公司法》在强调经济效益的同时，也注重企业的社会责任。企业应积极履行环保、公益等方面的社会责任，提升企业的社会形象和品牌价值。同时，公司法还鼓励企业通过技术创新等方式，为社会创造更多价值。公司的社会责任体现在以下几个方面。

（1）公司必须遵守法律、行政法规，其各项经营活动都必须依法进行，这是公司最重要的义务。

（2）公司应当遵守社会公德和商业道德。社会公德是指各个社会主体在其交往过程中应当遵循的公共道德规范；商业道德是指从事商业活动应遵循的道德规范。这两种规范在市场主体的活动中相互交融，对法律起着较好的补充作用。公司作为一种与社会经济各个方面有广泛联系的实体，应当遵守社会公德和商业道德，接受这些规范的约束。在法律中明确规定应遵守社会公德和商业道德，使其成为一种法律规范，这有利于促使公司形成良好的经营作风、树立商业信誉、维护社会公众利益和经济秩序。

（3）公司从事经营活动，必须诚实守信。这是民事主体从事民事活动的基本原则，也是公司应当遵循的原则。例如，青橙科技公司，开发自主App产品，将健身房、教练和会员三者结合起来，会员在App或者是微信公众平台上预约课程，实现对健身房、俱乐部良性发展的管理系统。在实际生活中，许多公司能够诚实经营，并有良好的效益；但也有相当一些公司，采用虚假出资、虚报业绩、做假账等欺骗手段非法经营，丧失了诚实守信的原则，严重损害了有关交易相对人的合法利益。

（4）公司的经营活动要接受政府和社会公众的监督。公司的经营行为是否符合法律，是否符合商业道德规范，由政府和社会公众来进行监督。通过监督促使公司的行为规范化，更有效地维护国家利益、社会公众利益和公司自身的合法权益，维护市场秩序，促进公司的健康发展。

（5）公司应当承担社会责任。公司在依法经营、努力实现盈利的同时，还应承担一定的社会责任，包括避免造成环境污染和维护职工合法权益等方面的责任。

广汽集团发布 2022 年度社会责任/社会价值/ESG 报告

2023 年 5 月 17 日，广汽集团在位于广州南沙的广汽科技馆重磅发布三大报告——2022 年度社会责任/社会价值/ESG 报告，并启动三江源国家公园环保项目。三大报告分别针对境内外资本市场或监管部门要求（即 A 股市场、国资委、H 股市场）而发布。广汽集团是国内主流汽车集团中，首个全面同步发布社会责任/社会价值/ESG 报告的企业；这意味着广汽集团严格按照高要求、高标准全面履行企业社会责任。

发布会上，广汽集团联同 6 家机构和投资企业——广汽研究院、广汽传祺、广汽埃安、广汽本田、广汽丰田、广汽商贸共同发布《绿色广汽智行未来 2022 年度广州汽车集团股份有限公司社会责任报告》，报告聚焦低碳环保、交通安全两大核心，从企业及责任管治、移动生活、低碳出行、企业生态四大方面详细披露了广汽集团在 ESG（环境、社会和公司治理）领域的可持续发展探索和成果。

全新出炉的《2022 年度广汽集团社会责任报告》显示，广汽集团全年生产汽车 247.99 万辆，销售 243.38 万辆，同比分别增长 15.99% 和 13.5%；产销规模位列全国第四。其中，新能源汽车和节能汽车累计销量为 76.2 万辆，稳居新能源汽车头部阵营。2022 年，广汽集团共实现营业总收入约 5146.05 亿元，同比增长约 19.74%，在《财富》世界 500 强排名 186 位，品牌价值稳步提升。同年年底，广汽集团面向 2030 年重磅发布"万亿广汽 1578 发展纲要"，力争 2030 年实现营收 1 万亿、利税 1000 亿的目标，成为世界一流科技企业。

低碳环保方面，近年来，广汽集团积极落实国家"双碳"战略，设定切实可行的工作计划。2021 年发布"GLASS 绿净计划"，旨在到 2050 年前（力争 2045 年）实现产品全生命周期的碳中和并在下属企业各领域坚定不移地落实。在研发企划和制造环节，广汽研究院成功实现国内首款氢内燃机点火，开展氢燃料电池和混动技术研发和应用；广汽旗下整车企业把握新能源汽车发展趋势，推出一系列新能源产品，包括广汽埃安旗下国内首款规模量产纯电超跑 Hyper SSR、广汽本田 e：NP1 极湃 1、广汽丰田 bZ4X、广汽三菱 AIRTREK（阿图柯）等；广汽埃安完成零碳工厂能力体制建设，于 2023 年实现零碳排放。

交通安全方面，广汽集团从产品打造、科技研发到安全出行理念推广等方面着手，将"人、车、交通环境"三位一体的安全理念传递给千家万户，助力构筑和谐社会。发布会上分享的广汽传祺 M8 宗师背后的故事，既是广汽传祺"为亲人造好车"的理念传承，更是以小见大地折射出广汽集团为顾客提供"极致安全"的匠心精神。针对市面上 MPV 产品对座舱第三排都没有特殊防护的痛点，M8 宗师在第三排增加安全气囊，并攻克了头部空间保证、克服成本管控压力等，做到"极致安全"。此外，M8 宗师还配备 3.2 米超长侧气帘，笼式乘客舱使用了 95% 的高强度钢，全方位守护用户的安全。

在本次发布会上，广汽集团还启动了三江源国家公园环境保护项目，在原合作基础上，进一步推动三江源区域人与自然的和谐共存，打造具有广汽鲜明特色和影响力的环保公益品牌。广汽传祺、世界自然基金会（WWF）和三江源国家公园管理局早在 2016 年达成战略合作，于 2017 年到 2019 年间大力支持三江源国家公园环保工作。合作项目将与各地环保组织、社区、相关政府部门一起，在三江源区域内开展应对的措施和保护行动，解决目前生态环境存在的问题，一是开展对三江源区域旗舰物种雪豹、白唇鹿、濒危物种马麝的监测及草地生态系统修复等工作；二是开展自然和传播，提高住民和外部公众的自然保护意识；三是联动员工、车主、经销商等开展户外物种调研、草场种植恢复、自然教育志愿服务等不同形式的广汽环保公益文化活动。

作为一家有使命、有担当的企业，广汽集团坚持履行企业社会责任。截至 2022 年，广汽集团累计创造利税超 6300 亿元，公益慈善累计投入超过 31.5 亿元。广汽集团面对乡村振兴的新情况、新需求，对口帮扶欠发达地区和群众，既提供资金帮助，又注重培养当地人才，巩固拓展脱贫攻坚成果，助力实现乡村全面振兴。自开展帮扶工作以来，广汽集团先后承担共 4 省、7 县/区、10 个乡镇、106 个行政村的对口帮扶任务，累计派出 34 名扶贫干部，在脱贫攻坚和乡村振兴帮扶事业上累计投入超过 1 亿元。

（四）弘扬企业家精神

社会是企业家施展才华的舞台，企业家应当真诚回报社会、切实履行社会责任。市场主体是经济的力量载体，保市场主体就是保社会生产力。

1. 创新精神

创新是企业发展的重要驱动力，通过保护企业的知识产权、鼓励企业进行技术研发和产品创新，激发了企业家的创新精神。同时，《公司法》还允许企业采取灵活的组织形式和经营方式，为企业家提供了更多的创新空间。当公司向消费者提供产品时，通过各种方法创造出引发消费者偏好的特异性，以便消费者能够有效地将其与其他竞争性公司提供的类似产品区分开来，从而在激烈的市场竞争中取得优势。

2. 冒险精神

企业家需要具备冒险精神，勇于尝试新事物和探索未知领域。《公司法》通过建立风险共担和利益共享的机制，鼓励企业家冒险尝试，同时也规定了风险控制和责任承担等方面的要求，以保护企业家的合法权益。

3. 创业精神

创业精神是企业发展的重要动力，《公司法》为创业者提供了良好的法律环境和政策支持，鼓励企业家发挥创业精神，开创新的事业。同时，公司法还规范了企业的设立、组织和管理，为企业家的创业之路提供了有效的法律保障。

4. 合作精神

合作是企业发展的重要方式，通过规范企业的组织形式和股权结构，鼓励企业家进行合作。例如，《公司法》允许企业采取股份合作制等组织形式，将不同利益相关者的利益结合起来，共同推动企业的发展。

5. 敬业精神

企业家需要具备高度的敬业精神，对事业充满热情和执着。通过规范企业的经营管理，要求企业家具备高度的责任感和敬业精神，确保企业的稳定发展。同时，公司法还保护企业家的合法权益，激发了企业家的敬业精神。

6. 学习精神

学习是企业发展的重要支撑，企业家需要不断学习和进步。《公司法》鼓励企业家具备学习精神，不断吸收新知识、掌握新技能，提高自身的综合素质。同时，《公司法》还要求企业家遵守法律法规和商业道德，树立良好的商业形象和社会声誉。

7. 诚信精神

诚信是企业发展的重要基石，企业家需要具备高度的诚信精神。公司法通过规范企业的信息披露和财务管理，要求企业家遵守商业道德和法律法规，树立良好的诚信形象。同时，《公司法》还保护企业家的合法权益，鼓励企业家在诚信的基础上开展商业活动。

8. 奉献精神

奉献是企业发展的重要动力之一，企业家需要具备奉献精神，为社会创造价值。通过规范企业的社会责任和公益事业参与，鼓励企业家具备奉献精神，积极参与社会公益事业和慈善活动。同时，公司法还保护企业家的合法权益，激发企业家的奉献精神。

（五）公司法维护社会经济秩序

1. 规范公司设立和组织

《公司法》对公司设立和组织进行了明确规定，要求公司在设立时必须符合法定的条件和程序，并按照公司章程的规定进行组织和管理。这种规定有助于减少不规范的公司设立行为，防止市场出现混乱，从而维护社会经济秩序的稳定。

2. 加强市场监管

《公司法》加强了对市场的监管，保障了市场的公平和公正。在社会主义市场经济体制下，市场监管是维护市场秩序、保障公平竞争的重要手段。公司法通过规范公司的信息披露、财务管理等行为，加强了对公司的监管力度，防止了市场出现不公平竞争和违法行为，保障了市场的公平和公正。

3. 促进公司治理现代化

公司治理是公司稳定发展的重要保障，《公司法》通过规范公司治理结构，促进了公司治理的现代化。公司法规定了董事会的组成和职权、监事会的设置和职责等方面的要求，并强调了信息披露和透明的重要性。这些规定有助于提高公司的治理水平，降低公司的经营风险，维护了市场的稳定和经济的发展。

（六）促进社会主义市场经济的发展

1. 激发市场活力

通过规范公司的设立、组织和行为，激发了市场的活力。在社会主义市场经济体制下，公司作为市场经济的主体，其活力和创造力是推动经济发展的重要动力。公司法通过降低设立公司的门槛、简化登记程序等措施，为投资者提供了更加便利的创业环境，进一步激发了市场的活力。

2. 促进投资和贸易自由化

《公司法》促进了投资和贸易的自由化。在社会主义市场经济体制下，投资和贸易的自由化是促进经济发展的重要手段。公司法通过规范公司的股权结构、融资渠道等，促进了资本的自由流动和优化配置。同时，公司法还鼓励企业开展国际贸易，推动了贸易自由化的发展，进一步促进了经济的全球化进程。

3. 推动企业改革和创新

《公司法》推动了企业的改革和创新。在社会主义市场经济体制下，企业作为市场经济的主体，其改革和创新是推动经济发展的重要动力。公司法通过规范公司的治理结构、激励机制等措施，推动了企业的改革和创新，提高了企业的竞争力和创新能力。同时，公司法还鼓励企业进行技术研发、品牌建设等方面的创新活动，为经济发展提供了源源不断的动力。

4. 打击违法行为和维护市场秩序

《公司法》通过打击违法行为和维护市场秩序，保障了社会经济秩序的稳定。《公司法》规定了一系列打击违法行为的措施，如禁止操纵市场、禁止内幕交易等。同时，《公司法》还建立了相应的监管机制，对违法行为进行查处和惩罚。这些规定有助于减少市场上的不法行为，维护市场的公平和公正，从而保障了社会经济秩序的稳定。

二、公司法的概念和性质

（一）公司法的含义和调整对象

广义上的公司法，是指规定各种公司的设立、组织、活动、解散以及公司对内对外关系的法律规范的总称等。狭义上的公司法，专指以"公司法"命名的立法文件，在我国，即由 2023 年的 12 月 29 日，十四届全国人大常委会第七次会议通过，2024 年 7 月 1 日实施的《中华人民共和国公司法》。公司法是规定公司的设立、组织、运营、变更、解散、股东权利与义务和其他公司内部、外部关系的法律规范的总称。

公司法的调整对象主要是指在公司设立、组织、运营或解散过程中所发生的社会关系，具体有公司内部财产关系、公司外部财产关系、公司内部组织管理与协作关系、公司外部组织管理关系。

（二）公司法的性质

1. 公司法是私法

公司法属于私法，是建立在股东意思自治的基础上的，是关于私的权利和利益的法律。

2. 公司法是兼具程序法内容的实体法

公司法着重规定了有限责任公司和股份有限公司的权利、义务的实质内容和范围，这属于实体法规定。同时，公司法为确保这些实体权利的实现和义务的履行，还规定了取得、行使实体权利，履行实体义务必须遵守的法定程序。

3. 公司法是含有商事行为法的商事组织法

公司法首先是一种商事组织法，它通过对公司的法律地位、公司设立的条件和程序、公司议事机关和代表机关的确立、公司股东的权利和义务、公司合并、分立、解散的条件和程序等的规定。同时，公司法也规定了与公司组织具有直接关系的公司行为，如公司设立行为、股份转让行为等。所以，公司法又具有行为法的特征，是组织法与行为法的结合。

三、公司的概念与特征

公司是依照法定的条件与程序设立的、以营利为目的商事组织。根据《公司法》的规定，公司包括有限责任公司和股份有限公司两种类型。

（一）公司具有法人资格

《公司法》第三条规定，"公司是企业法人"。法人具有独立的主体性资格，具有法律主体所要求的权利能力与行为能力，能够以自己的名义从事民商事活动并以自己的财产独立承担民事责任。依据我国《公司法》的规定，公司法人资格的取得须符合以下条件。

1. 公司必须依法设立

公司的依法设立主要是指设立程序而言，即公司的设立必须依据法定的程序办理相关的登记手续，领取公司法人营业执照。

2. 公司必须具备必要的财产

《公司法》第三条："公司是企业法人，有独立的法人财产，享有法人财产权。"公司的法人地位决定了公司必须有自己独立的财产，享有法人财产权，包括物权、知识产权、债权和对外投资的股权等。公司法人财产权的客体由物、智力成果、行为、股份和一些法定权利等构成。公司有自己独立的财产是公司能够自主经营，自负盈亏，对外独立承担责任的物质基础。公司享有法人财产权才能体现公司的法人人格，实现公司的权利能力和行为能力。

3. 公司必须有自己的名称、组织机构和场所

公司的名称必须标明公司的种类即有限责任公司或股份有限公司；公司必须具有完备的组织机构，包括公司的权力机构、执行机构和监督机构；公司要有自己的经营场所，是公司诉讼管辖、文书送达的地点。

《公司法》第八条："公司以其主要办事机构所在地为住所。"

公司是法人，应当有住所。从法律上确定公司住所，具有多重意义。

第一，可以据以确定诉讼管辖。我国民事诉讼法规定，对企业事业单位、机关、团体提起民事诉讼，由被诉单位所在地人民法院管辖。公司是企业的一种形式，以公司为被告的民事诉讼，归公司住所地人民法院管辖。

第二，可以据以确定法律文书的送达处所。根据我国民事诉讼法的规定，人民法院送达诉讼文书时，应直接送交受送达人；直接送达法律文书有困难的，可以邮寄送达。对公司来说，无论是直接送达还是邮寄送达，均以公司住所地为送达处所。

第三，可以据以确定债务履行处所。按照民法典的规定，履行地点不明确的债务，给付货币的，在接受给付一方的所在地履行；其他标的，在履行义务一方的所在地履行。对公司来说，其履行所在地应为其住所地。

第四，公司住所不同于公司的一般生产经营场所。公司住所只有一个；而生产经营场所是直接从事生产经营的地点，营业场所、生产车间、销售网点等都包括在内，可以有多个。公司住所依法确定后，不得任意变更；如果需要变动，应当依法办理变更登记。

《民法典》第五十八条第二款："法人应当有自己的名称、组织机构、住所、财产或者经费。"

《市场主体登记条例》第十条第一款："市场主体只能登记一个名称，经登记的市场主体名称受法律保护。"

公司名称一般由四部分构成：第一部分是公司的组织形式。公司名称中必须标明其组织形式，不能只标明公司。设立的有限责任公司，必须在公司名称中标明有限责任公司字样，也可简化为有限公司；设立的股份有限公司，必须在公司名称中标明股份有限公司字样，可简化为股份公司。非依公司法设立的经济组织，不得使用"有限责任公司"或者

"股份有限公司"的名称。第二部分是具体名称。对这部分内容也应当依法确定：对于法律、行政法规禁止使用的名称，公司不得采用。例如，对国家、社会或者公共利益有损害的名称，外国国家（地区）名称，国际组织名称等，都不得作为公司名称使用。第三部分是营业种类。法律对此无强制性规定，一般是要求公司名称应当与其营业规模和营业种类相适应。第四部分是公司所在地的名称。

受法律保护的公司名称是公司依法核准登记注册的名称。《民法典》第五十八条、第一千零一十三条、第一千零一十四条也做了相应的规定。同时，《企业名称登记管理规定》和《企业名称登记管理规定实施办法》等法规规章亦对企业名称权保护做了规定。《公司法》的规定专注于作为营利法人的公司。从构建完善的法律体系而言，有助于完善公司依法成立及登记注册的制度。在《公司法》中有必要明确规定及保护公司名称权在内的各项权利。

4. 公司必须能够以自己的名义从事民商事活动并独立承担民事责任

公司的独立权利，以自己的名义拥有财产、起诉和应诉的权利以及在公司目的范围内从事任何合法的经营活动的权利；公司的独立责任，公司必须在依法自主组织生产和经营的基础上自负盈亏，用其全部法人财产对公司债务独立承担责任。公司作为独立法人，应当独立承担民事责任。公司承担民事责任的范围是其所有的全部财产；其财产不足以清偿到期债务时，将面临破产。公司的财产包括股东在公司设立时所认缴的出资。股东已经向公司缴纳的出资在公司成立后无权抽回；如果股东在公司成立后抽回已缴纳的出资，则侵犯了公司的财产权，必须将有关财产退还公司或给予其他补偿；股东已向公司认缴了出资及承诺了出资期限而到期未实际缴纳的，则构成了股东对公司的债务，公司应当追回。

（二）公司是社团组织，具有社团性

公司属于社团，是一个组织体。例如体育的商业俱乐部是私人投资公司，它们的目标是最大化参与大多数体育消费者提供的体育活动的利润。

公司是依法设立的，以营利为目的的社团法人。公司作为一个社团组织，其社团性主要体现在以下几个方面。

1. 成员组成

公司是由一定数量的成员（如股东、董事、监事）组成的集合体。这些成员通过出资或提供其他形式的支持，共同参与公司的经营和管理活动。

2. 共同目标

公司的社团性还体现在其成员共同追求的经济目标上。公司的设立和运营都是为了实现盈利，这种盈利目标使得公司成员之间形成了一种共同的经济利益纽带。

3. 组织结构

公司具有一套完整的组织结构和内部管理制度，这些制度和结构确保了公司的有效运行和成员的权益得到保障。公司的组织结构通常包括股东会、董事会、监事会等，它们各自承担不同的职责和拥有不同的权利，共同推动公司的发展。

4. 法人地位

公司作为社团法人，具有独立的法律地位。这意味着公司可以独立地参与民事活动，享有民事权利和承担民事责任。公司的法人地位使其能够在法律框架内开展业务，维护自身的合法权益。

总的来说，公司作为社团组织，其社团性体现在成员组成、共同目标、组织结构和法人地位等方面。这些特征使得公司能够作为一个整体在市场上开展业务，实现盈利并为社会经济发展做出贡献。

（三）公司以营利为目的，具有营利性

公司以营利为目的，设立公司的目的及公司的运作，都是为了谋求经济利益。法律承认并保护公司的营利性，方能鼓励投资、创造社会财富，促进市场经济的发展。

四、公司的权利能力和行为能力

（一）公司的权利能力

1. 公司权利能力是指公司作为法律主体依法享有权利和承担义务的资格

公司的权利能力于公司成立时产生，至公司终止时消灭。公司营业执照签发日期，为公司成立日期。公司营业执照签发之日，为公司权利能力取得之时。

▶ **实务精讲** ┈┈┈┈┈┈┈┈┈┈┈┈┈┈┈┈┈┈┈┈┈┈┈┈┈┈┈┈┈┈┈┈┈┈┈┈┈

公司欠债

案例：某公司拖欠供应商的货款被追讨，供应商是否有权要求公司解散？

解析：根据《公司法》规定，公司债务纠纷应当通过法律途径解决，债权人无权要求公司解散。因此，供应商无权要求公司解散。

2. 公司权利能力的限制

其一，公司的经营范围必须由公司章程做出规定，公司章程未规定的，公司不得经营；其二，公司的经营范围必须依法登记；其三，公司的经营范围中属于法律、行政法规

限制的项目，还必须依法进行批准，否则，公司不得经营；其四，公司应当在登记的经营范围内从事经营活动；其五，公司需要变更其经营范围的，必须依照法定程序修改公司章程，并经公司登记机关变更登记，才可以变更其经营范围。《公司法》第九条规定："公司的经营范围由公司章程规定。公司可以修改公司章程，变更经营范围。公司的经营范围中属于法律、行政法规规定须经批准的项目，应当依法经过批准。"

公司的经营范围是公司章程中的法定记载事项。在公司章程中要写明公司经营范围并进行登记，主要因为：一是根据公司的正常经营规律，设立公司应当有一个主营范围；这一主营范围应当由公司设立时的股东确认。二是便于公司的债权人及其他交易方了解公司的营业范围，起到公示的作用。公司的经营范围应当符合法律、行政法规的规定；属于法律、行政法规规定禁止经营的项目，公司不得经营；在经营范围中，有法律、行政法规限制经营的项目的，必须依法经过审批，未经批准不得将该项目纳入公司经营范围。

公司在经营过程中，根据需要可以调整经营范围。调整经营范围必须符合以下要求：一是依法调整的经营范围不能超出法律、行政法规的限制。增加的内容如果属于法律、行政法规限制的项目，必须经过批准。二是调整经营范围必须依照法定程序修改公司章程，进行变更登记，从而依法变更公司经营范围。

（二）公司的行为能力

1. 公司的行为能力

公司的行为能力是指公司基于自己的意思表示，以自己的行为独立取得权利和承担义务的能力。

2. 公司行为能力的实现方式

公司的法人机关由公司的股东会或股东大会、董事会和监事会组成，依照公司法规定的职权和程序，进行公司的意思表示。

《公司法》第十条："公司的法定代表人按照公司章程的规定，由代表公司执行公司事务的董事或者经理担任。担任法定代表人的董事或者经理辞任的，视为同时辞去法定代表人。法定代表人辞任的，公司应当在法定代表人辞任之日起三十日内确定新的法定代表人。"我国法律实行单一法定代表人制，一般认为法人的正职行政负责人为其唯一的法定代表人。新《公司法》优化了法律条文的表述，文义表示更加科学精简，扩大了法定代表人的选任范围，概括性规定"由代表公司执行公司事务的董事或经理"担任法定代表人。

▶ **实务精讲** ┈┈

法定代表人辞职与涤除

新法【第十条规定："公司的法定代表人按照公司章程的规定，由代表公司执行公司事务的董事或者经理担任。担任法定代表人的董事或者经理辞任的，视为同时辞去法定代

表人。法定代表人辞任的，公司应当在法定代表人辞任之日起三十日内确定新的法定代表人。"】

新法【第三十五条规定："公司申请变更登记，应当向公司登记机关提交公司法定代表人签署的变更登记申请书、依法做出的变更决议或者决定等文件。公司变更登记事项涉及修改公司章程的，应当提交修改后的公司章程。公司变更法定代表人的，变更登记申请书由变更后的法定代表人签署。"】

新法【第四十六条规定："有限责任公司章程应当载明下列事项：（七）公司法定代表人的产生、变更办法。"】

此前，法定代表人已辞职但公司未变更登记的，会导致公司在面临诉讼时，原法定代表人被追加一同起诉或被列为被执行人，此时法定代表人会提出执行异议，或在之前诉请公司在登记上完成变更。但法院经常会有疑虑，即：

（1）法定代表人的变更，是否必须以公司决议为依据？法定代表人离职的，是否视为辞去法定代表人？

（2）法院判决公司变更法定代表人，但公司长期未讨论出新法定代表人的人选，如何执行呢？

有法院在处理法定代表人涤除登记案件时，会做出"应于本判决生效之日起×日内到市场监督管理局办理工商变更登记"的判决，但执行效果并不理想。受未选出新法定代表人等原因，法院通常会"终结本次执行程序"，但个别法院曾尝试与市场监督管理联动，在法定代表人栏记录为"依据×号协助法院予以删除"或用特殊符号标注。这一处理方式确实实现了涤除登记的效果。但又会引发公司法定代表人缺位，助长法定代表人通过涤除登记方式恶意逃避法律责任。

《公司法》第十一条："法定代表人以公司名义从事的民事活动，其法律后果由公司承受。公司章程或者股东会对法定代表人职权的限制，不得对抗善意相对人。法定代表人因执行职务造成他人损害的，由公司承担民事责任。公司承担民事责任后，依照法律或者公司章程的规定，可以向有过错的法定代表人追偿。"本条分别规定了法定代表人行为后果归属、超越权限的法律后果和内部追责方式。法定代表人超越代表权限，公司与交易相对方的合同可能面临"效果归属上无效"的风险。

《民法典》第六十一条第二款："法定代表人以法人名义从事的民事活动，其法律后果由法人承受。"

《民法典》第六十一条第三款："法人章程或者法人权力机构对法定代表人代表权的限制，不得对抗善意相对人。"

《民法典》第六十二条："法定代表人因执行职务造成他人损害的，由法人承担民事责任法人承担民事责任后，依照法律或者法人章程的规定，可以向有过错的法定代表人追偿。"

3. 公司对外投资与担保

（1）对外投资方式。公司对外投资的方式多种多样，主要包括直接投资、股权投资、债权投资等。直接投资是指公司直接投入资金，设立新的企业或扩大现有企业的规模。股权投资则是通过购买其他公司的股份，成为其股东，分享其经营成果。债权投资则是通过购买债券或提供贷款等方式，获取固定利息或本金回报。

（2）投资风险类型。对外投资的风险类型多种多样，包括市场风险、经营风险、汇率风险、政策风险等。市场风险主要涉及市场需求的变化以及市场价格波动对企业收益的影响。经营风险则是指企业经营管理不善或投资决策失误带来的风险。汇率风险则是由于汇率波动导致的投资收益的不确定性。政策风险则是指政策变化对企业投资带来的不确定性。

（3）风险管理与预测。为有效管理投资风险，公司须建立完善的风险管理体系，包括风险评估、风险监控和风险应对等环节。同时，公司还须运用各种预测工具和方法，对投资项目的未来收益和风险进行预测，为决策提供科学依据。

（4）担保方式及选择。担保方式主要包括保证、抵押、质押等。公司应根据投资项目的具体情况，选择合适的担保方式。保证担保是第三方为债务人提供履约保证，抵押担保是以财产作为债务履行的担保，质押担保则是以动产或权利作为债务履行的担保。

（5）担保手续与流程。担保手续与流程须遵循相关法律法规和公司内部规定。一般来说，担保流程包括担保申请、担保审批、担保合同签订、担保实施等环节。在办理担保手续时，公司应确保资料齐全、程序合规，防范法律风险。

（6）担保条件与限制。担保条件与限制主要根据公司的经营情况和担保政策来设定。担保条件通常包括被担保方的信用状况、担保额度、担保期限等；限制可能包括担保类型、担保方式以及被担保方的业务范围等。这些条件和限制旨在确保担保活动符合公司的风险承受能力和战略发展方向。

（7）担保风险管理。担保风险管理是确保公司担保业务稳健运行的关键环节。公司应建立担保风险识别、评估、监控和应对机制，对担保项目进行持续跟踪和动态管理。同时，公司还应加强对被担保方的信用评估和管理，以降低潜在风险。

（8）法律法规遵循。在对外投资与担保过程中，公司必须严格遵守国家法律法规和监管要求。这包括投资与担保相关法律法规、会计准则、税收政策等。公司应确保投资与担保活动合法合规，防范法律风险，维护公司声誉和利益。

《公司法》第十四条："公司可以向其他企业投资。法律规定公司不得成为对所投资企业的债务承担连带责任的出资人的，从其规定。"

《公司法》第十五条："公司向其他企业投资或者为他人提供担保，按照公司章程的规定，由董事会或者股东会决议；公司章程对投资或者担保的总额及单项投资或者担保的数额有限额规定的，不得超过规定的限额。公司为公司股东或者实际控制人提供担保的，应当经股东会决议。前款规定的股东或者受前款规定的实际控制人支配的股东，不得参加前款规定事项的表决。该项表决由出席会议的其他股东所持表决权的过半数通过。"

五、公司的分类

（一）有限责任公司与股份有限公司

《公司法》第四条："有限责任公司的股东以其认缴的出资额为限对公司承担责任；股份有限公司的股东以其认购的股份为限对公司承担责任。"

有限责任公司的特点有以下内容。

（1）是一个合资公司，但具有较强的人合因素。股东人数不多，相互间的合作建立在信任的基础上。

（2）各股东的出资共同组成公司的资本，但这些资本不需划分为等额股份。一般来说，股东各自以他们的出资额承担责任，分取红利。

（3）不对外公开发行股票，设立程序相对简单，设立成本较低。

（4）有限责任公司的治理结构相对灵活。小的公司可以不设立董事会或者监事会，只设执行董事或者监事。

（5）有限责任公司因具有人合性，其股东的权利转让一般受到章程的限制，不能像股份有限公司股票那样可以自由流通。

股份有限公司的特点是：

（1）是典型的合资公司。公司通过发行股票筹集资金，其资本划分为等额股份，股东通常较多，绝大多数股东不参与公司的经营活动，而通过股东大会对公司发生影响。

（2）股份有限公司的设立须履行相对严格的程序。如应有一定数量的发起人，发起人应签订发起协议，从事公司的筹备工作。募集设立的公司，还应当遵守有关证券法律的规定等。

（3）股份有限公司一般须有健全的内部组织机构。公司必须设股东大会、董事会和监事会，法律对公司各机构的职权、议事规则均有较明确的规定。

（4）如果章程不予限制，公司的股份一般可以自由转让。股份的转让不需其他股东同意。当然，法律对特定主体如发起人等所持股票转让有限制的，应当遵守法律的规定。

第十二条："有限责任公司变更为股份有限公司，应当符合公司法规定的股份有限公司的条件。股份有限公司变更为有限责任公司，应当符合公司法规定的有限责任公司的条件。有限责任公司变更为股份有限公司的，或者股份有限公司变更为有限责任公司的，公司变更前的债权、债务由变更后的公司承继。"

▶ **实务精讲** --

创业公司设立时注册为股份制公司好，还是有限责任公司好？

以下是各自的优劣势分析，请大家按照自身情况选择。

新设股份有限公司主要有以下优点。

(1) 股份转让自由，公司股东向他人转让自己所持有的股权无需其他股东同意，其他股东没有优先购买权，股权操作上更为自由。

(2) 完全规避有限公司改制为股份公司的净资产出资问题，同时也节省了相关成本。

新设股份有限公司主要有以下缺点：

(1) 机构设置复杂，比如至少需要 3 名监事或审计委员会成员（公司法 121、130 条），董事会、监事会一年须开会 2 次，股东大会至少一年一次，相关的会议成本比有限公司要高。此外，较多的董事和监事席位需要安置。另外有一些特别规定，如公司成立一年内股份不得转让，董事、监事、高管任职期间股份转让有限制等。

(2) 股份转让自由，公司股东向他人转让自己所持有的股权无需其他股东同意，如公司经营不顺或团队出现不稳定，可能导致第三方的进入。

新设有限责任公司主要有以下优点。

(1) 公司运营成本低，机构设置少，比较适合企业的初步发展阶段。

(2) 有限责任公司股份向非股东转让须通过决策程序，公司法第 71 条：股东向股东以外的人转让股权，应当经其他股东过半数同意。股东应就其股权转让事项书面通知其他股东征求同意，其他股东自接到书面通知之日起满三十日未答复的，视为同意转让。其他股东半数以上不同意转让的，不同意的股东应当购买该转让的股权；不购买的，视为同意转让。

新设有限责任公司主要有以下缺点。

(1) 股份转让需要其他股东同意，股权转让不自由。

(2) 改制（改为股份有限公司）时需要进行审计、评估等，产生一定的时间和资金成本。

（二）母公司与子公司

母公司是指拥有其他公司一定数额的股份或根据协议，能够控制、支配其他公司的人事、财务、业务等事项的公司。例如，在竞技体育经营业在美国收入最高的是拳击、橄榄球、棒球、篮球等，其赛事基本上也是由为数不多的几家公司垄断经营。在体育广告业中，大型赛事的广告经营主要由四五家大型广告公司所控制。

子公司是指一定数额的股份被另一公司控制或依照协议被另一公司实际控制、支配的公司。子公司具有独立法人资格，拥有自己所有的财产，自己的公司名称、章程和董事会，对外独立开展业务和承担责任。但涉及公司利益的重大决策或重大人事安排，仍要由母公司决定。

《公司法》第十三条："公司可以设立子公司。子公司具有法人资格，依法独立承担民事责任。"

（三）总公司与分公司

总公司，是指依法设立共管辖公司全部组织的具有企业法人资格的总机构。总公司通常先于分公司而设立，在公司内部管辖系统中，处于领导、支配地位。

分公司是指在业务、资金、人事等方面受本公司管辖而不具有法人资格的分支机构。分公司不具有法律上和经济上的独立地位。

《公司法》第十三条："公司可以设立分公司。分公司不具有法人资格，其民事责任由公司承担。"

六、公司职工合法权益的保障

（一）保护职工的合法权益

职工是公司重要的利益相关者，强化公司民主管理，维护职工合法权益是法律的立法目的之一。公司应当依照宪法和有关法律的规定，建立健全以职工代表大会为基本形式的民主管理制度。职工代表大会是中国特色的企业民主管理模式，并未对公司类型限定条件。公司既可选择职工代表大会的方式，亦可选择其他民主管理形式。《公司法》将听取工会意见的组织行为扩展至解散、申请破产等，进一步强化了对职工权益的保护。

公司应当保护职工的合法权益，依法与职工签订劳动合同，参加社会保险，加强劳动保护，实现安全生产。

公司职工是直接从事生产经营的劳动者，公司在生产经营过程中，有义务保护职工的合法权益。如果公司违反法律规定侵害了职工合法权益，就要承担相应的法律责任。保护职工的合法权益，主要体现在以下几个方面。

（1）依法与职工签订劳动合同公司应当本着平等自愿、协商一致的原则，与职工签订劳动合同，确立劳动关系明确双方的权利和义务，充分尊重和保障职工的劳动权益。劳动合同应为书面形式。

（2）依法为职工办理社会保险。根据劳动法的规定，国家发展社会保险事业建立社会保险制度，设立社会保险基金，使劳动者在年老、患病、工伤、失业、生育等情况下获得帮助和补偿；"用人单位和劳动者必须依法参加社会保险，缴纳社会保险费"。因此，依法为职工办理社会保险，交纳保险费是公司的一项法定义务。

（3）加强劳动保护，实现安全生产。劳动保护的基本要求是，为劳动者提供安全、卫生的劳动条件，并不断加以改善，要消除和预防生产经营过程中可能发生的伤亡、职业病和其他伤害劳动者的事故，保障劳动者能以健康的体力参加生产经营活动。加强对职工的劳动保护，有利于保护社会生产力，调动劳动者的积极性，实现安全生产。根据法律的要求，公司在组织生产经营过程中，必须采取各项保护措施，对劳动者进行保护。

公司应当采用多种形式，加强公司职工的职业教育和岗位培训，提高职工素质。公司职工素质对公司的发展具有重要影响。随着公司的发展，对公司职工素质的要求也越来越高。公司必须加强职工的职业教育和岗位培训，才能适应公司发展对职工素质的要求。对职工利益来说，公司应当为职工提供接受专业知识和技能培训的机会，使职工能掌握所任岗位的基础知识、实用知识和技能技巧，胜任本职工作。将加强职业教育和岗位培训作为公司的一项法定义务，有利于促使公司积极采取措施，提高职工素质，提高劳动生产率和工作效率。

（二）公司工会

公司职工依照《中华人民共和国工会法》组织工会，开展工会活动，维护职工合法权益。公司应当为本公司工会提供必要的活动条件。公司工会代表职工就职工的劳动报酬、工作时间、休息休假、劳动安全卫生和保险福利等事项依法与公司签订集体合同。

公司职工有权依照工会法的规定组织工会，开展工会活动。根据工会法的规定，在中国境内的企业、事业单位、机关中以工资收入为主要生活来源的体力劳动者和脑力劳动者，不分民族、种族、性别、职业、宗教信仰、教育程度，都有依法参加和组织工会的权利。所以公司职工依法组织工会是受到法律保护的。公司职工依法开展工会活动，参与管理法律规定的事务，可以更好地代表和维护职工的合法利益，并为调动职工的积极性，促进公司的发展提供支持和帮助。为此，公司应当提供必要的条件，支持工会的工作。

维护职工合法权益是工会的基本职责。其中一个重要的体现楚工会代表职工与企业进行平等协商，签订集体合同。集体合同所涉及的事项应包括职工的劳动报酬、工作时间、福利、保险和劳动安全卫生等涉及职工切身利益的事项。根据工会法的规定，公司违反集体合同，侵犯职工劳动权益的，工会可以依法要求企业承担责任；因履行集体合同发生争议的工会可以向劳动争议仲裁机构提请仲裁，对仲裁裁决不服的，可以向人民法院提起诉讼。

公司依照宪法和有关法律的规定，建立健全以职工代表大会为基本形式的民主管理制度，通过职工代表大会或者其他形式，实行民主管理。

公司应当依法实行民主管理。公司职工依法参与公司的管理，有利于维护公司开展正常经营活动的和谐环境，符合现代公司制度发展的潮流。修订前的公司法只规定了国有独资公司和两个以上国有企业或者其他两个以上的国有投资主体投资设立的有限责任公司，通过职工代表大会和其他形式，实行民主管理。这次修改将参与公司民主管理的主体扩大为所有的公司，并在有关章节中设计了具体制度加以保障。为了保障公司经营活动正常地进行，保证其经营决策有必要的效率，公司职工参与民主管理应当通过职代会和其他民主形式进行，并应主要对经营决策中涉及职工切身利益的问题发表意见。

公司研究决定改制、解散、申请破产以及经营方面的重大问题、制定重要的规章制度时，应当听取公司工会的意见，并通过职工代表大会或者其他形式听取职工的意见和建议。

（三）公司党建

党的二十大报告指出："推进国有企业、金融企业在完善公司治理中加强党的领导，加强混合所有制企业、非公有制企业党建工作，理顺行业协会、学会、商会党建工作管理体制。"在公司中，根据中国共产党章程的规定，设立中国共产党的组织，开展党的活动。公司应当为党组织的活动提供必要条件。

根据我国宪法的规定，国家的根本任务是，根据建设有中国特色的社会主义理论，集中力量进行社会主义建设。中国各族人民将继续在中国共产党的领导下把我国建设成为富强、民主、文明的社会主义国家。宪法的规定，明确指出了中国共产党在我国政治生活和经济建设中的领导地位。为了更好地发挥党的基层组织和党员在公司发展、经济建设中的作用，公司法依据宪法规定的原则，对公司中党的基层组织活动做了进一步具体的规定。这一规定包括两层含义：一是在公司中设立党的组织，开展党的活动，应当遵守中国共产党章程的规定。按照中国共产党章程的规定，企业、农村、机关、学校、科研院所、街道、人民解放军连队和其他基层单位，凡有正式党员3人以上的，都应当成立党的基层组织。公司是企业的一种，公司中如果有正式党员3人以上的，应当成立党的基层组织。党的基层组织应当按照党章的规定开展活动。二是公司要为公司中党组织开展活动提供支持，如提供必需的活动场所等。

（四）公司的社会责任

（1）公司从事经营活动，应当遵守法律法规，遵守社会公德、商业道德，诚实守信，接受政府和社会公众的监督。

（2）公司从事经营活动，应当充分考虑公司职工、消费者等利益相关者的利益以及生态环境保护等社会公共利益，承担社会责任。国家鼓励公司参与社会公益活动，公布社会责任报告。

（3）公司股东应当遵守法律、行政法规和公司章程，依法行使股东权利，不得滥用股东权利损害公司或者其他股东的利益。公司股东滥用股东权利给公司或者其他股东造成损失的，应当承担赔偿责任。

（4）公司的控股股东、实际控制人、董事、监事、高级管理人员不得利用关联关系损害公司利益。违反前款规定，给公司造成损失的，应当承担赔偿责任。

七、公司法人人格否认

公司股东滥用公司法人独立地位和股东有限责任，逃避债务，严重损害公司债权人利益的，应当对公司债务承担连带责任。股东利用其控制的两个以上公司实施前款规定行为的，各公司应当对任一公司的债务承担连带责任。

股东不得滥用公司法人独立地位和股东有限责任损害公司债权人的利益。公司法为保护和鼓励投资，同时也保证公司经营的灵活性和高效性，创制了股东有限责任和公司独立法人地位的制度。公司在经营活动中，与债权人独立地发生债权、债务关系，承担由此产生的民事责任。但是，实际经济生活中，有的公司的股东通过各种途径控制着公司，为赚取高额利润或逃避债务，常常擅自挪用公司的财产或者与自己的财产混同、账目混同、业务混同。有的股东为达到非法目的，设立个壳公司从事违法活动，实际控制该公司，但又以有限责任为掩护逃避责任在这些情况下，公司在实际上已失去了独立地位，该独立法人地位被股东滥用了同时，股东利用上述方式逃避其应承担的责任，也滥用了其有限责任的待遇；而公司的债权人将面临极大的交易风险。

面对这一现实问题，一些国家在维护公司股东有限责任的基本原则的同时，本着权利和义务相一致的原则，为切实保护债权人的利益、维护正常的交易秩序，创制了公司法人人格否认（在普通法系国家称为"揭开公司面纱"）的制度。即当符合法定条件，认定股东滥用公司法人独立地位和有限责任时，可以"揭开公司面纱"，将公司股东和公司视为一体，追究股东和公司共同的法律责任。

股东滥用公司法人独立地位和股东有限责任的，应当对公司债务承担连带责任。这次修改公司法增设了"横向法人人格否认"和"纵向法人人格否认"，防止股东滥用公司法人人格、有限责任获取非法利益，以保护债权人、维护正常的交易秩序。适用这一规定，应把握以下几个原则。

一是坚持有限责任这一公司制度的基石。适用公司法应当维护股东的有限责任，由公司依法独立承担民事责任。因此，公司法人人格否认制度的适用应当限制在司法审判中针对某一具体案件适用，不得任意扩大其适用范围。

二是公司法人人格否认制度主要适用于股东滥用公司法人独立地位和股东有限责任，逃避债务的行为，即股东有逃避债务的主观恶意和具体行为；应当有严重损害公司债权人利益的后果。债权人可以直接请求人民法院向股东追偿。

三是具体认定公司股东滥用公司法人独立地位和股东有限责任行为的标准由最高人民法院根据做出具体规定：人民法院在审理公司案件中应统一遵守有关规定。

四是只有一个股东的公司，股东不能证明公司财产独立于股东自己的财产的，应当对公司债务承担连带责任（一人公司的举证责任倒置规则）。

▶ **实务精讲**

财务混同

实践中，集团公司常下设子公司成立财务中心，归集全集团财务进行处理，此时能否认定集团为一个整体，从而视同财务混同？

集团对财务进行统一管理，不能直接认为存在人格混同，最高人民法院（2021）最高法民申 2540 号中认为："虽然融投担保公司与融投控股集团存在大量的资金往来，但依据 2013 年 7 月 30 日融投控股集团形成的《资金结算管理办法》以及在案结算凭证、对账函等证据，上述款项往来系融投控股集团在确保融投担保公司的资金权属不变，独立核算的前提下，对于融投担保公司财务进行管理的一种经营模式，不能据此认为融投控股集团与融投担保公司存在财产混同。"

认定混同的标准还要基于实质性原则审查，《九民纪要》第十条规定：【人格混同】认定公司人格与股东人格是否存在混同，最根本的判断标准是公司是否具有独立意思和独立财产，最主要的表现是公司的财产与股东的财产是否混同且无法区分。在认定是否构成人格混同时，应当综合考虑以下因素。

（1）股东无偿使用公司资金或者财产，不做财务记载的。

（2）股东用公司的资金偿还股东的债务，或者将公司的资金供关联公司无偿使用，不做财务记载的。

（3）公司账簿与股东账簿不分，致使公司财产与股东财产无法区分的。

（4）股东自身收益与公司盈利不加区分，致使双方利益不清的。

（5）公司的财产记载于股东名下，由股东占有、使用的。

（6）人格混同的其他情形。

因此，只要公司能够举证证明在财产上能做到分别列支列收，单独核算，利润分别分配和保管，风险分别承担等情形，应认定财产的分离。

财务公司或集团资金调配能否视为过度支配或控制，进而认定财务混同？

为提高整体资金利用效率，集团总部通常会将下属公司的资金进行归集，集中管理、统一调配。依据财管的理论，集团资金集中管理模式主要包括：统收统支模式、备用金拨付模式、结算中心模式、内部银行模式、财务公司模式、现金池模式六种。目前较为常见的是结算中心或内部银行模式，对于实力较为雄厚、经银保监会批准设立有单独财务公司的，一般采取财务公司模式。现行法律非未明确禁止该行为，且在行政法规及部门规章层面，均有强调加强中央企业、国有企业集团的内部资金集中管理的规范。因此，资金归集行为本身并不必然意味着财产混同。

司法实践中对于资金归集行为的合法性审查通常会集中在以下几个方面。

（1）资金所有权不变。各公司应具有独立的银行账户，集团也应对结算总账户的资金进行规范和明确的财务记载，分别列支列收，权属清晰。

（2）资金使用权不变。各公司应有权通过自身决议程序做出是否同意加入资金归集、授权集团公司进行资金归集的独立意思。资金归集后，各公司对于归入集团的资金有权在自有资金额度内自行决策调配和使用。

（3）资金的收益权不变。资金的归集应按照借贷法律关系或存款法律关系给付利息，不应无偿占用。实践中，法院偏向将无偿使用行为作为认定财产混同的要素。

八、股东会、董事会、监事会的会议和表决

（1）公司股东会、董事会、监事会召开会议和表决可以采用电子通信方式，公司章程另有规定的除外。通过视频会议、电话会议等电子化形式进行，这种方式的会议结果具有法律效力。这一改革瞄准了现代化企业管理的核心需求，为公司提供了更为灵活和高效的会议方式。电子化会议的引入，不仅降低了会议组织的物理约束，提高了决策效率，还有利于提升公司治理的透明。允许所有股东和董事无论身处何地，只要具备网络连接，就能够参与到公司的决策过程中，实现真正的实时在线管理。此外，电子化会议也有利于提高公司决策的程序正义。通过电子设备，可以更准确地记录会议过程和决策内容，保证决策的公开、公正，有助于提高公司治理水平，保护各方权益。新的《公司法》对电子化会议的明确支持，是我国公司法制度适应时代发展、促进企业现代化管理的重要举措，这将有利于推动公司治理现代化，提升企业的竞争力。

（2）公司股东会、董事会的决议内容违反法律、行政法规的无效。公司股东会或董事会的决议内容如果违反法律、行政法规，这些决议将被视为无效。《中华人民共和国公司法》明确规定了公司股东会或董事会的决议内容必须符合法律规定，不得违反。如果决议内容违反了法律或行政法规，那么这些决议自始无效。

（3）公司股东会、董事会的会议召集程序、表决方式违反法律、行政法规或者公司章程，或者决议内容违反公司章程的，股东自决议做出之日起六十日内，可以请求人民法院撤销。但是，股东会、董事会的会议召集程序或者表决方式仅有轻微瑕疵，对决议未产生实质影响的除外。其一，填补法律漏洞，明确规定未被通知参加会议情形下撤销权行使期限自股东知道或应当知道决议做出之日起算；其二，规定前述情形下六十日内撤销权；其三，明确非实质性程序瑕疵不影响决议效力。公司在召开股东会或董事会时，必须严格遵守法律、行政法规和公司章程的规定，确保决议的合法性和有效性。对于可能存在的法律风险，公司应当提前进行风险评估和预测，并采取相应的风险管理措施，以避免因决议无效或撤销而带来的损失。

（4）未被通知参加股东会会议的股东自知道或者应当知道股东会决议做出之日起六十日内，可以请求人民法院撤销；自决议做出之日起一年内没有行使撤销权的，撤销权消灭。

（5）公司股东会、董事会的决议不成立：①未召开股东会、董事会会议做出决议；

②股东会、董事会会议未对决议事项进行表决；③出席会议的人数或者所持表决权数未达到公司法或者公司章程规定的人数或者所持表决权数；④同意决议事项的人数或者所持表决权数未达到公司法或者公司章程规定的人数或者所持表决权数。

（6）公司股东会、董事会决议被人民法院宣告无效、撤销或者确认不成立的，公司应当向公司登记机关申请撤销根据该决议已办理的登记。

股东会、董事会决议被人民法院宣告无效、撤销或者确认不成立的，公司根据该决议与善意相对人形成的民事法律关系不受影响。

习题精练

一、单项选择题

1. 新《中华人民共和国公司法》自（　　）起施行。
   A. 2024 年 1 月 1 日　　　　　　B. 2024 年 7 月 1 日
   C. 2023 年 1 月 1 日　　　　　　D. 2023 年 7 月 1 日
2. （　　）是公司的组织规程和行为准则，对公司具有法律约束力。
   A. 公司章程　　　　　　　　　　B. 公司董事
   C. 公司监事　　　　　　　　　　D. 公司合同
3. 公司具有（　　）资格。
   A. 自然人　　　　　　　　　　　B. 法人
   C. 非法人　　　　　　　　　　　D. 行为人
4. （　　）是指公司作为法律主体依法享有权利和承担义务的资格。
   A. 公司权利能力　　　　　　　　B. 公司行为能力
   C. 公司营利能力　　　　　　　　D. 公司组织能力
5. 股东滥用公司法人独立地位和股东有限责任的，应当对公司债务承担（　　）责任。
   A. 赔偿　　　　　　　　　　　　B. 侵权
   C. 违约　　　　　　　　　　　　D. 连带

二、多项选择题

1. 公司法的性质是（　　）。
   A. 公司法是公法　　　　　　　　B. 公司法是私法
   C. 公司法程序法　　　　　　　　D. 公司法是兼具程序法内容的实体法
   E. 公司法是含有商事行为法的商事组织法。
2. 公司法的特征是（　　）。
   A. 公司具有法人资格　　　　　　B. 公司具有法人资格

C. 公司是社团组织，具有社团性   D. 公司以营利为目的，具有营利性

E. 公司不以营利为目的，具有非营利性

三、名词解释

公司法人人格否认

四、简答题

1. 公司的特征。

2. 公司的权利能力和行为能力。

项目二

公司登记

任务一　公司设立登记

一、公司设立条件

普通公司的设立适用准则主义，只要符合法定条件与程序，直接向登记机关申请设立登记即可。特殊行业则适用核准主义，申请公司设立登记前需要取得主管机关的行政审批手续，这类特殊公司集中在商业银行、信托、保险与证券等金融行业。

此外在我国，根据《中华人民共和国公司法》和其他相关法规，公司设立需要进行行政审批的情况通常包括以下几种。

外商投资公司：外商投资企业在设立时通常需要经过商务主管部门的审批。根据《外商投资法》和其他法规，外商投资企业设立前需要向商务主管部门提出设立申请，并经过审批程序。

特许经营公司：特许经营公司通常需要经过商务主管部门的审批，包括提交特许经营合同和其他必要材料，并接受审批程序。

金融机构：金融机构的设立通常需要经过金融监管机构的批准。具体包括银行、证券公司、保险公司等金融机构。

文化、广播、电影、电视、出版等文化产业公司：这些公司在设立时可能需要经过文化主管部门的审批，包括提交业务计划和其他相关文件，接受审批程序。

教育培训机构：设立教育培训机构通常需要经过教育主管部门的审批，包括提交办学计划、教学设施等文件，并接受审批程序。

医药、医疗机构：医药、医疗机构的设立通常需要经过卫生主管部门的审批，包括医疗机构的规划、医生资格等方面的审核。

能源、矿产开发公司：在一些行业，如能源和矿产开发，设立时需要经过相关主管部门的审批，包括提交开发计划和环境评估等文件。

设立登记是指公司设立人按法定程序向公司登记机关申请，经公司登记机关审核并记录在案，以供公众查阅的行为。设置公司设立登记制度，旨在巩固公司信誉并保障社会交易的安全。在我国，公司进行设立登记，应向各级市场监督管理局提出申请。根据《市场主体登记管理条例》第五条：国务院市场监督管理部门主管全国市场主体登记管理工作。县级以上地方人民政府市场监督管理部门主管本辖区市场主体登记管理工作，加强统筹指导和监督管理。

二、公司设立程序

（1）设立公司，应当依法向公司登记机关申请设立登记。法律、行政法规规定设立公司必须报经批准的，应当在公司登记前依法办理批准手续。公司设立是指公司设立人依照法定的条件和程序，为组建公司并取得法人资格而必须采取和完成的法律行为。

（2）申请设立公司，应当提交设立登记申请书、公司章程等文件，提交的相关材料应当真实、合法和有效。申请材料不齐全或者不符合法定形式的，公司登记机关应当一次性告知需要补正的材料。

（3）申请设立公司，符合法律规定的设立条件的，由公司登记机关分别登记为有限责任公司或者股份有限公司；不符合法律规定的设立条件的，不得登记为有限责任公司或者股份有限公司。

（4）公司登记事项包括以下内容。

　　根据《市场主体登记管理条例（2021版）》第二章登记事项，第八条，市场主体的一般登记事项包括：①名称；②主体类型；③经营范围；④住所或者主要经营场所；⑤注册资本或者出资额；⑥法定代表人、执行事务合伙人或者负责人姓名。

　　除前款规定外，还应当根据市场主体类型登记下列事项：①有限责任公司股东、股份有限公司发起人、非公司企业法人出资人的姓名或者名称；②个人独资企业的投资人姓名及居所；③合伙企业的合伙人名称或者姓名、住所、承担责任方式；④个体工商户的经营者姓名、住所、经营场所；⑤法律、行政法规规定的其他事项。

　　公司登记机关应当将前款规定的公司登记事项通过国家企业信用信息公示系统向社会公示。

　　（5）依法设立的公司，由公司登记机关发给公司营业执照。公司营业执照签发日期为公司成立日期。公司营业执照应当载明公司的名称、住所、注册资本、经营范围、法定代表人姓名等事项。公司登记机关可以发给电子营业执照。电子营业执照与纸质营业执照具有同等法律效力。营业执照是公司取得主体资格的前提条件，具有重要地位。除了载体不同以外，电子营业执照与纸质营业执照没有实质不同，均为市场监管部门统一核发的有效证件，两者效力等同。在政务服务数字化改革的背景下，电子营业执照已得到广泛应用，有必要在法律层面确认其合法效力。

　　公司登记机关签发的营业执照是确定公司成立的法律文件，营业执照的签发日期为公司成立之日。公司自成立之日起成为独立享有民事权利、承担民事责任的法人，凭公司登记机关核发的《企业法人营业执照》刻制印章，开立银行账户申请纳税登记，开始经营活动。当公司的登记申请核准后，登记机关应当立即向公司颁发营业执照，公司应当及时领取。依照《企业法人登记管理条例》和《公司登记管理条例》的规定，公司自登记申请核准之日起超过6个月仍未领取《企业法人营业执照》的，登记主管机关可以撤销企业登记，不再发放《企业法人营业执照》。公司营业执照，既是公司成立的法律依据，又是对外证明公司是企业法人，有资格从事经营活动的资格证书。公司在其经营场所应当悬挂公司营业执照。

任务二　公司变更登记

一、公司的变更事项

　　公司的变更是指公司设立登记事项中某一项或某几项的改变。公司变更的内容，主要包括公司名称、住所、法定代表人、注册资本、公司组织形式、经营范围、营业期限、有限责任公司股东或者股份有限公司发起人的姓名或名称的变更。

　　公司变更设立登记事项，应当向原公司登记机关即公司设立登记机关申请变更登记。但公司变更住所跨公司登记机关辖区的，应当在迁入新住所前向迁入地公司登记机关申请变更登记；迁入地公司登记机关受理的，自原公司登记机关将公司登记档案移送迁入地公司登记机关。未经核准变更登记，公司不得擅自改变登记事项。

公司搬迁、经营地址发生变更是市场上经常发生的。若要变更登记的迁址，根据《市场主体登记管理条例》第二十七条，市场主体变更住所或者主要经营场所跨登记机关辖区的，应当在迁入新的住所或者主要经营场所前，向迁入地登记机关申请变更登记。迁出地登记机关无正当理由不得拒绝移交市场主体档案等相关材料。

二、公司变更的法律规定

（1）公司登记事项发生变更的，应当依法办理变更登记。公司登记事项未经登记或者未经变更登记，不得对抗善意相对人。登记对抗效力的理论基础为外观主义。登记事项一经登记公示，就形成了一个商事外观，对外具有公信力。当登记事项与实际情况不一致时，第三人往往难以知悉真实情况，为了保护善意第三人对公示信息的信赖，维护交易安全，公司不能以未登记的事实对抗善意第三人。

（2）公司申请变更登记，应当向公司登记机关提交公司法定代表人签署的变更登记申请书、依法做出的变更决议或者决定等文件。

公司变更登记事项涉及修改公司章程的，应当提交修改后的公司章程。

公司变更法定代表人的，变更登记申请书由变更后的法定代表人签署。变更申请书明确由变更后的法定代表人签署，一方面能够避免原法定代表人不配合签署申请书而导致无法完成法定代表人变更登记的情况；另一方面也意味着变更法定代表人的决议一经做出即产生内部效力，原法定代表人在公司内部即丧失代表权。

（3）公司营业执照记载的事项发生变更的，公司办理变更登记后，由公司登记机关换发营业执照。

（4）公司因解散、被宣告破产或者其他法定事由需要终止的，应当依法向公司登记机关申请注销登记，由公司登记机关公告公司终止。

（5）公司设立分公司，应当向公司登记机关申请登记，领取营业执照。

（6）虚报注册资本、提交虚假材料或者采取其他欺诈手段隐瞒重要事实取得公司设立登记的，公司登记机关应当依照法律、行政法规的规定予以撤销。撤销登记本质上是针对错误登记行为的一种纠错机制而非行政处罚，登记行为的合法性在于基础民事行为的真实性，虚假登记因缺乏合法性基础，应当予以撤销登记。

（7）公司依法变更其组织形式后，原公司不再存在；但是，原公司的债权、债务不会因为原公司的不存在而自动消失。为了有效保护债权人的合法权益，从法律上确认公司变更组织形式后的债权、债务的归属，避免纠纷，有限责任公司和股份有限公司依法变更公司形式后，原公司的债权、债务由变更后的公司承继。

任务三　企业信用信息公示

一、信用信息公示概述

名称、住所、注册资本等信息是公司的核心营业信息，对交易安全和市场秩序有重要影响，应当作为法定登记事项。登记信息从申请查询转向主动公示，目的在于提高登记信息的透明，彰显了公司登记的信息公示功能。企业信用信息公示对于保护交易安全和提高交易效率仍有着不可忽视的作用，有必要通过确立公司公示特定非登记事项的义务，提高交易相对人获取公司信息的效率，以降低其与公司之间的交易成本。

二、信用信息公示内容

（1）公司应当按照规定通过国家企业信用信息公示系统公示下列事项：①有限责任公司股东认缴和实缴的出资额、出资方式和出资日期，股份有限公司发起人认购的股份数；②有限责任公司股东、股份有限公司发起人的股权、股份变更信息；③行政许可取得、变更、注销等信息；④法律、行政法规规定的其他信息。

公司应当确保前款公示信息真实、准确、完整。

（2）公司登记机关应当优化公司登记办理流程，提高公司登记效率，加强信息化建设，推行网上办理等便捷方式，提升公司登记便利化水平。优化公司登记服务，是为了解决公司登记实践中前置行政审批、核准程序过于繁杂的问题，在制度价值取向上从安全优先转向了效率优先，在制度理念上淡化了公司登记中的行政管制色彩，强调了公司登记的服务属性，与公司登记的行政确认性质相契合。

国务院市场监督管理部门根据公司法和有关法律、行政法规的规定，制定公司登记注册的具体办法。

习题精练

一、单项选择题

1. 依法设立的公司，由公司登记机关发给公司（　　）。
   - A. 营业执照
   - B. 产权证书
   - C. 税收登记
   - D. 公司证书

2. 公司登记机关应当（　　）。
   - A. 简化公司登记办理流程
   - B. 增加公司登记办理流程难度
   - C. 优化公司登记办理流程
   - D. 减少公司登记办理流程难度

3. 普通公司的设立适用（　　　），只要符合法定条件与程序，直接向登记机关申请设立登记即可。

　　A. 准则主义　　　　　　　　　　B. 核准主义

　　C. 准备主义　　　　　　　　　　D. 核备主义

4. 设立公司，应当依法向公司登记机关申请（　　　）。

　　A. 设立登记　　　　　　　　　　B. 成立登记

　　C. 批准登记　　　　　　　　　　D. 注册登记

5. 公司自登记申请核准之日起超过（　　　）月仍未领取《企业法人营业执照》的，登记主管机关可以撤销企业登记，不再发放《企业法人营业执照》。

　　A. 3个月　　　　　　　　　　　　B. 6个月

　　C. 9个月　　　　　　　　　　　　D. 12个月

二、多项选择题

1. 下面关于公司的营业执照，说法正确的是（　　　）。

　　A. 公司营业执照签发日期为公司成立日期

　　B. 公司营业执照应当载明公司的名称、住所、注册资本、经营范围、法定代表人姓名等事项

　　C. 公司登记机关可以发给电子营业执照

　　D. 电子营业执照与纸质营业执照具有同等法律效力

　　E. 营业执照是公司取得主体资格的前提条件，具有重要地位

2. 申请设立公司，应当提交设立登记申请书、公司章程等文件，提交的相关材料应当（　　　）。

　　A. 真实　　　　　　　　　　　　B. 基本真实

　　C. 合法　　　　　　　　　　　　D. 基本合法

　　E. 有效

3. 市场主体的一般登记事项包括（　　　）。

　　A. 名称　　　　　　　　　　　　B. 主体类型

　　C. 经营范围　　　　　　　　　　D. 住所或者主要经营场所

　　E. 注册资本或者出资额

三、名词解释

　　公司的变更。

四、简答题

　　公司通过国家企业信用信息公示系统公示下列事项有哪些?

项目三

有限责任公司的设立和组织机构

【知识目标】

1. 熟悉相关法律法规，确保公司设立程序符合法律要求。

2. 掌握公司设立所需的文件材料，包括注册资本证明、股东身份证明、公司章程等。

3. 根据公司法和公司章程，明确股东的权益与义务。

4. 明确公司章程的主要内容，包括公司的宗旨、经营范围、注册资本、股东权利与义务、公司治理结构等。

【能力目标】

1. 明确设立流程的步骤和时间节点，确保设立过程的高效与顺畅。

2. 明确各部门职责与权限，确保公司内部管理的高效运作。

3. 建立有效的风险控制机制，保障公司运营的安全与稳定。

4. 分析公司规模和业务需求，合理设计组织架构。

5. 引导股东积极参与公司治理，促进公司长期发展

【素质目标】

1. 建立有效的沟通机制，确保公司内部信息的畅通无阻。

2. 引入先进的公司治理理念与模式，提升公司治理水平。

3. 加强公司内部管理与监督，确保公司治理的规范与透明。

4. 确保公司章程的合法性与有效性，为公司治理提供有力保障。

5. 积极参与外部交流与合作，借鉴优秀公司治理经验，不断优化公司治理结构。

任务一 有限责任公司设立

一、有限责任公司的股东

（一）股东的概念

股东是指向公司出资、持有公司股份、享有股东权利和承担股东义务的人。股东亦称为出资人、投资人，股东是对公司法上的出资人的特别称谓。股东可以是自然人，可以是法人，可以是非法人组织，还可以是国家，当国家作为股东时须明确代表国家行使股东权的具体组织，如国有资产监督管理机构。法律对股东并无行为能力的要求，股东可以是限制行为能力人或无行为能力人。当限制行为能力人或无行为能力人作为股东时，由其法定代理人代理其行使股东权利。

股东享有股权，主要体现为资产收益权及参与公司重大决策和选择管理者的权利。

资产收益权是指股东按照其对公司的投资份额通过公司盈余分配从公司获得红利的权利。获取红利是股东投资的主要目的；只要股东按照章程或股东协议的规定如期履行了出资义务，任何一个股东都有权向公司请求分配红利。

参与公司重大决策权是指股东对公司的重大行为通过在股东会或股东大会上表决由股东会或股东大会做出决议的方式做出决定。公司的重大行为包括公司资本的变化，如增加或者减少注册资本；公司的融资行为，如发行公司债券；公司的对外投资、向他人提供担保、购置或转让主要资产、变更公司主营业务等行为；公司合并、分立、变更组织形式、解散、清算等行为。上述有些权利，在不违背法律强制性规定的前提下，股东会或者股东大会可以授权董事会行使。

选择管理者的权利是指股东通过股东会或股东大会做出决议的方式选举公司的董事、监事的权利。选择管理者的权利也包括决定管理者的薪酬。公司的所有权和经营权相分离，投资者个人不必参与经营，是现代公司制度发展的趋势；特别是对股份有限公司而言，股东作为投资者，对公司重大决策和选择管理者的权利均应越过股东会来行使，股东个人没有决定权。为了提高公司的经营效率，股东会的权限应有所限制，对公司一般的经营决策，股东和股东会不应干预。

（二）股东权的特征

1. 股东权内容具有综合性

股东自益权属于财产性的权利，如股息或红利分配请求权、新股优先认购权、剩余财产分配权、股份转让权等。股东共益权是公司事务参与权，一般为非财产性权利，如表决权、公司文件查阅权、召开临时股东会请求权、对董事及高级职员监督权等。公司是为股东谋取利益的工具，自益权是目的性权利，共益权是手段性权利。

2. 股东权是股东通过出资所形成的权利

出资者通过向公司出资，换取股权，成为公司股东。

3. 股东权是一种社员权

股东出资创办作为社团法人的公司，成为该法人成员，因而取得社员权。社员权包括财产权和管理参与权。

（三）股东的法律规定

（1）有限责任公司由一个以上五十个以下股东出资设立。

（2）有限责任公司设立时的股东可以签订设立协议，明确各自在公司设立过程中的权利和义务。

（3）有限责任公司设立时的股东为设立公司从事的民事活动，其法律后果由公司承受。

公司未成立的，其法律后果由公司设立时的股东承受；设立时的股东为二人以上的，享有连带债权，承担连带债务。

设立时的股东为设立公司以自己的名义从事民事活动产生的民事责任，第三人有权选择请求公司或者公司设立时的股东承担。

设立时的股东因履行公司设立职责造成他人损害的，公司或者无过错的股东承担赔偿责任后，可以向有过错的股东追偿。

二、有限责任公司的章程

（一）有限责任公司章程的概念与特征

有限责任公司章程是指公司所必备的，规定其名称、宗旨、资本、组织机构等对内对外事务的基公司法律文件。公司章程具有以下基本特征。

1. 法定性

法定性主要强调有限责任公司章程的法律地位、主要内容及修改程序、效力都由法律强制规定，任何公司都不得违反。有限责任公司章程是公司设立的必备条件之一，必须由全体股东订立公司章程，并且必须在公司设立登记时提交公司登记机关进行登记。

2. 真实性

真实性主要强调有限责任公司章程记载的内容必须是客观存在的、与实际相符的事实。

3. 自治性

自治性主要体现在以下方面：其一，有限责任公司章程作为一种行为规范，是公司股东意见一致的结果，《公司法》第四十五条："设立有限责任公司，应当由股东共同制定公司章程"；其二，有限责任公司章程由公司自己来执行；其三，有限责任公司章程作为公司内部规章，其效力仅及于公司和相关当事人。

（二）有限责任公司章程的内容

有限责任公司章程的内容即指有限责任公司章程所记载的事项。可以归为以下三类。

1. 绝对记载事项

公司章程的绝对记载事项，是指法律规定有限责任公司章程中必须记载的事项。对于绝对记载事项，公司有义务必须一一记载，如果缺少其中任何一项或任何一项记载不合法，将导致整个章程无效。

《公司法》第四十六条：有限责任公司章程应当载明下列事项。

（1）公司名称和住所。

（2）公司经营范围。

（3）公司注册资本。

（4）股东的姓名或者名称。

（5）股东的出资额、出资方式和出资日期。

（6）公司的机构及其产生办法、职权、议事规则。

（7）公司法定代表人的产生、变更办法。

（8）股东会认为需要规定的其他事项。

股东应当在公司章程上签名或者盖章。

2. 相对记载事项

公司章程的相对记载事项，是指法律列举规定了某些事项，但这些事项是否记入公司章程，全由章程制定者决定。相对记载事项，非经载明于章程，不生效力。

3. 任意记载事项

公司章程的任意记载事项，是指法律并无明文规定，但公司章程制定者认为需要协商记入公司章程，以便使公司能更好运转且不违反强行法之规定和公序良俗之原则的事项。法律对有限责任公司章程的法定记载事项采取较为宽松的规则。

▶ **实务精讲**

某某有限责任公司章程

依据《中华人民共和国公司法》（以下简称《公司法》）及其他有关法律、行政法规的规定，经全体股东讨论，共同制定本章程。

第一章　公司的名称和住所

第一条　公司名称：_____有限公司

第二条　公司住所：_____

第二章　公司经营范围

第三条　公司经营范围：_____

第三章　公司注册资本

第四条　公司注册资本：人民币_____万元。

第四章　股东的姓名或者名称、出资额、出资方式和出资日期

第五条　股东的姓名或者名称、出资额、出资方式、出资日期如下：

（出资日期由公司章程规定，但不得超过五年）

第六条　公司应向股东签发经出资证明书并置备股东名册。

（出资证明书、股东名册均会记载股东实缴出资额，对于证明股东是否实缴出资具有一定的意义）

第五章　股东的权利与义务

第七条　公司股东享有以下权利：

（一）出席股东会会议，并按照认缴的出资比例行使表决权；

（章程也可以规定按照其他标准确定表决权）

（二）按照实缴的出资比例分配利润；

（三）《公司法》规定的其他权利。

第八条　公司股东履行以下义务：

（一）按期足额缴纳其认缴的出资额；

（二）遵守公司章程的规定；

（三）《公司法》规定的其他义务。

（可以对股东的其他权利和义务进行规定）

第六章　股东会

第九条　公司股东会由全体股东组成，是公司的权力机构，行使下列职权：

（一）选举和更换董事、监事，决定有关董事、监事的报酬事项；

（二）审议批准董事会的报告；

（三）审议批准监事会的报告；

（四）审议批准公司的利润分配方案和弥补亏损方案；

（五）对公司增加或者减少注册资本做出决议；

（六）对发行公司债券做出决议；

（七）对公司合并、分立、解散、清算或变更公司形式做出决议；

（八）修改公司章程。

（可以根据实际情况规定股东会的其他职权）

股东会可以授权董事会对发行公司债券作出决议。

对本条第一款所列事项各股东以书面形式一致表示同意的，可以不召开股东会会议，直接做出决定，并由全体股东在决定文件上签名或盖章。

第十条　股东会会议分为定期会议和临时会议。

定期会议每年召开一次，应当于上一会计年度结束后的＿＿＿＿个月之内举行。代表十分之一以上表决权的股东，三分之一以上的董事或监事会提议召开临时会议的，应当召开临时会议。

第十一条　股东会会议由董事会召集，董事长主持；董事会不能履行或者不履行召集股东会会议职责的，由监事会召集和主持；监事会不召集和主持的，代表十分之一以上表决权的股东可以自行召集和主持。

第十二条　召开股东会会议，应当于会议召开＿＿＿＿日前通知全体股东；但是，全体股东另有约定的除外。

股东会应当对所议事项的决定做成会议记录，出席会议的股东应当在会议记录上签名或者盖章。

第十三条　股东会会议由股东按照认缴的出资比例行使表决权。

（章程也可以规定按照其他标准确定表决权）

股东会做出修改公司章程、增加或者减少注册资本的决议，以及公司合并、分立、解散或者变更公司形式的决议，应当经代表三分之二以上表决权的股东通过。股东会做出其他决议的，应当经代表过半数表决权的股东通过。

第十四条　股东委托代理人出席股东会会议的，应当明确代理人代理的权限；代理人应当向公司提交股东授权委托书，并在授权范围内行使表决权。

第七章　董事会

第十五条　公司设董事会，董事会成员为＿＿＿＿名。

（若公司规模较小或股东人数较少，可以不设董事会，只设一名董事，由该董事行使《公司法》规定的董事会的职权。另外，若公司有三百名以上的职工，董事会中原则上应有职工代表董事）

第十六条　董事每届任期三年。董事任期届满，连选可以连任。

董事任期届满未及时改选，或者董事在任期内辞任导致董事会成员低于法定人数的，在改选出的董事就任前，原董事仍应当依照法律、行政法规和公司章程的规定，履行董事职务。

董事辞任的，应当以书面形式通知公司，公司收到通知之日辞任生效，但存在前款规定情形的，董事应当继续履行职务。

第十七条　股东会可以决议解任董事，决议做出之日解任生效。无正当理由，在任期届满前解任董事的，该董事可以要求公司予以赔偿。（章程可以规定对董事赔偿的具体标准）

第十八条　董事会设董事长一人，董事长由董事会以全体董事的过半数选举产生。

（章程也可以规定产生董事长的其他办法。另外，公司也可以设副董事长）

第十九条　董事会行使下列职权：

（一）召集股东会会议，并向股东会报告工作；

（二）执行股东会的决议；

（三）决定公司的经营计划和投资方案；

（四）制订公司的利润分配方案和弥补亏损方案；

（五）制订公司增加或者减少注册资本以及发行公司债券的方案；

（六）制订公司合并、分立、解散或者变更公司形式的方案；

（七）决定公司内部管理机构的设置；

（八）决定聘任或者解聘公司总经理及其报酬事项，并根据总经理的提名决定聘任或者解聘副总经理、财务负责人及其报酬事项；

（九）制定公司的基本管理制度；

（十）股东会授予的其他职权。

第二十条　代表十分之一以上表决权的股东、三分之一以上董事或者监事会，可以提议召开董事会会议。董事长应当自接到提议后十日内，召集和主持董事会会议。

第二十一条　董事会会议由董事长召集和主持；董事长不能履行职务或者不履行职务的，由过半数董事共同推举一名董事召集和主持。

第二十二条　董事会会议应当有过半数的董事出席方可举行。

董事会做出决议，应当经全体董事的过半数通过。董事会决议的表决，应当一人一票。

董事会应当对所议事项的决定做成会议记录，出席会议的董事应当在会议记录上签名。

第二十三条　董事会会议，应当由董事本人出席；董事因故不能出席，可以书面委托其他董事代为出席，委托书应当载明授权范围。

第八章　总经理

第二十四条　公司设总经理一名，由董事会决定聘任或者解聘。

（公司也可以选择不设总经理）

第二十五条　总经理对董事会负责，行使下列职权：

（一）主持公司的生产经营管理工作，组织实施董事会决议；

（二）组织实施公司年度经营计划和投资方案；

（三）拟定公司内部管理机构设置方案；

（四）拟定公司的基本管理制度；

（五）制定公司的具体规章；

（六）提请聘任或者解聘公司副经理、财务负责人；

（七）决定聘任或者解聘除应由董事会决定聘任或者解聘以外的负责管理人员；

（八）董事会授予的其他职权。

第二十六条　总经理列席董事会会议。

第九章　监事会

第二十七条　公司设监事会，人数为_____人，其中_____人为职工代表监事。

（为简化组织机构，公司可以不设监事会，只设一名监事，也可以连一名监事也不设）

第二十八条　董事、高级管理人员不得兼任监事。

第二十九条　公司监事会行使下列职权：

（一）检查公司财务；

（二）对董事、高级管理人员执行公司职务的行为进行监督，对违反法律、行政法规、公司章程或者股东会决议的董事、高级管理人员提出解任的建议；

（三）当董事、高级管理人员的行为损害公司的利益时，要求董事、高级管理人员予以纠正；

（四）提议召开临时股东会会议，在董事会不履行《公司法》规定的召集和主持股东会会议职责时召集和主持股东会会议；

（五）向股东会会议提出草案；

（六）依据《公司法》第一百八十九条的规定对董事、高级管理人员提起诉讼。

第三十条　监事可以列席董事会会议，并对董事会决议事项提出质询或者建议。

监事会发现公司经营情况异常，可以进行调查；必要时，可以聘请会计师事务所等协助其工作，费用由公司承担。

第三十一条　监事会每年度至少召开一次会议，监事可以提议召开临时监事会会议。

监事会决议应当经全体监事的过半数通过。监事会决议的表决，应当一人一票。

监事会应当对所议事项的决定做成会议记录，出席会议的监事应当在会议记录上签名。

第十章　公司的法定代表人

第三十二条　公司的法定代表人由＿＿＿＿担任。

第三十三条　经公司＿＿＿＿决议，可以更换法定代表人。

第三十四条　担任法定代表人的董事或者经理辞任的，视为同时辞去法定代表人。

第三十五条　法定代表人辞任的，公司应当在法定代表人辞任之日起三十日内确定新的法定代表人。

第十一章　股权转让

第三十六条　公司的股东之间可以相互转让其全部或者部分股权。

第三十七条　股东向股东以外的人转让股权的，应当将股权转让的数量、价格、支付方式和期限等事项书面通知其他股东，其他股东在同等条件下有优先购买权。股东自接到书面通知之日起三十日内未答复的，视为放弃优先购买权。两个以上股东行使优先购买权的，协商确定各自的购买比例；协商不成的，按照转让时各自的出资比例行使优先购买权。

第三十八条　股东转让股权的，应当书面通知公司，请求变更股东名册；需要办理变更登记的，并请求公司向公司登记机关办理变更登记。

第三十九条　自然人股东死亡后，其合法继承人可以继承股东资格。

（关于股东资格的继承，公司章程也可以做出其他安排）

第十二章　财务、会计

第四十条　公司应当依照法律、行政法规和国务院财政部门的规定建立本公司的财务、会计制度。

第四十一条　公司应当在每一会计年度终了时编制财务会计报告，并依法经会计师事务所审计。

第四十二条　公司应当在每一个会计年度结束后＿＿＿＿日内将财务会计报告送交各股东。

第四十三条　公司聘用、解聘承办公司审计业务的会计师事务所由＿＿＿＿＿＿＿决定。

第十三章　公司的解散、清算

第四十四条　公司的营业期限为　　年，从公司营业执照签发之日起计算。

（如果不设具体的年限，可以规定"公司的营业期限为长期"）

第四十五条　公司因下列原因解散：

（一）公司营业期限届满；

（二）股东会决议解散；

（三）因公司合并或者分立需要解散；

（四）依法被吊销营业执照、责令关闭或者被撤销；

（五）人民法院依照《公司法》第二百三十一条的规定予以解散。

第四十六条　公司有前条第一项、第二项情形，且尚未向股东分配财产的，可以通过修改公司章程或者经股东会决议而存续。

依照前款规定修改公司章程或者经股东会决议，须经持有三分之二以上表决权的股东通过。

第四十七条　公司因本章程第四十五条第一项、第二项、第四项、第五项规定而解散的，应当清算。

董事为公司清算义务人，应当在解散事由出现之日起十五日内组成清算组进行清算。

第四十八条　清算组由董事组成，但是股东会决议另选他人的除外。

第四十九条　公司财产在分别支付清算费用、职工的工资、社会保险费用和法定补偿金，缴纳所欠税款，清偿公司债务后的剩余财产，按照股东的出资比例分配。

第五十条　公司清算结束后，清算组应当制作清算报告，报股东会或者人民法院确认，并报送公司登记机关，申请注销公司登记。

第五十一条　公司在存续期间未产生债务，或者已清偿全部债务的，经全体股东承诺，可以按照规定通过简易程序注销公司登记。

第十四章　董事、监事、高级管理人员的义务

第五十二条　董事、监事、高级管理人员应当遵守法律、行政法规和公司章程，对公司负有忠实义务和勤勉义务。

第五十三条　董事、监事、高级管理人员不得有下列行为：

（一）侵占公司财产、挪用公司资金；

（二）将公司资金以其个人名义或者以其他个人名义开立账户存储；

（三）利用职权贿赂或者收受其他非法收入；

（四）接受他人与公司交易的佣金归为己有；

（五）擅自披露公司秘密；

（六）违反对公司忠实义务的其他行为。

第五十四条　董事、监事、高级管理人员，直接或者间接与本公司订立合同或者进行交易，应当就与订立合同或者进行交易有关的事项向_____报告，并经_____决议通过。

董事、监事、高级管理人员的近亲属，董事、监事、高级管理人员或者其近亲属直接或者间接控制的企业，以及与董事、监事、高级管理人员有其他关联关系的关联人，与公司订立合同或者进行交易，适用前款规定。

第五十五条　董事、监事、高级管理人员，不得利用职务便利为自己或者他人谋取属于公司的商业机会。但是，有下列情形之一的除外：

（一）向_____报告，并经_____决议通过；

（二）根据法律、行政法规或者公司章程的规定，公司不能利用该商业机会。

第五十六条　董事、监事、高级管理人员未向报告，并经_____决议通过，不得自营或者为他人经营与其任职公司同类的业务。

第五十七条　董事会对本章程第五十四条至第五十六条规定的事项决议时，关联董事不得参与表决，其表决权不计入表决权总数。出席董事会会议的无关联关系董事人数不足三人的，应当将该事项提交股东会审议。

第五十八条　董事、监事、高级管理人员执行公司职务时违反法律、行政法规或者公司章程的规定，给公司造成损失的，应当承担赔偿责任。

第十五章　其他事项

第五十九条　公司向其他企业投资或者为他人提供担保，由_____决议。

公司为公司股东或者实际控制人提供担保的，应当经股东会决议。

前款规定的股东或者受前款规定的实际控制人支配的股东，不得参加前款规定事项的表决。该项表决由出席会议的其他股东所持表决权的过半数通过。

第六十条　本章程自全体股东签名或盖章之日起生效。本章程一式份，公司留存_____份，并报公司登记机关备案一份。

（三）公司章程的订立

公司章程的订立通常有两种方式。

一是共同订立，是指由全体股东或发起人共同起草、协商制定公司章程，否则公司章程不得生效；二是部分订立，是指由股东或发起人中的部分成员负责起草、制定公司章程，而后再经其他股东或发起人签字同意的制定方式。

公司章程必须采取书面形式，经全体股东同意并在章程上签名盖章，公司章程才能生效。

（四）公司章程的变更

公司章程的变更是指已经生效的公司章程的修改。原则上公司章程所记载的事项，不论是绝对记载事项还是任意记载事项，只要确属必要，均可变更。但公司章程在变更时，应遵循以下原则：其一，不损害股东利益；其二，不损害债权人利益；其三，不妨害公司法人的一致性原则，即不得因公司章程的变更，而使一个公司法人转变为另一个公司法人。

就公司章程变更的程序而言，将修改公司章程的提议通知其他股东；由股东会或股东大会表决通过。我国公司法规定，有限责任公司修改公司章程的决议，必须经代表 2/3 以上表决权的股东通过。公司章程变更后，公司董事会应向市场监督管理机关申请变更登记。

（五）有限责任公司章程的效力

1. 有限责任公司章程对公司的效力

公司章程是公司的行为准则，对公司具有约束力。有限责任公司自身的行为要受章程的约束。有限责任公司应当依其章程规定的办法，产生权力机构、业务执行和经营意思决定机构、监督机构等公司组织机构，并按章程规定的权限范围行使职权；有限责任公司应当使用公司章程上规定的名称、在公司章程确定的经营范围内从事经营活动。有限责任公司依其章程对股东负有义务，股东的权利如果受到公司侵犯时，可对公司起诉。

2. 有限责任公司章程对股东的效力

公司章程又具有契约的性质，体现了股东的共同意志；有限责任公司章程对股东的效力主要表现为股东依章程规定享有权利和承担义务。例如，股东有权出席股东会、行使表决权、转让出资、查阅有关公开资料、获取股息红利等；负有缴纳所认缴的出资的义务。

3. 有限责任公司章程对董事、监事和高级管理人员的效力

有限责任公司的董事、监事、高级管理人员应当遵守公司章程，依照法律和公司章程的规定行使职权。若董事、监事、高级管理人员之行为超出公司章程对其赋予的职权范围，应就自己的行为对公司负责。

三、有限责任公司的特征

有限责任公司，是指股东以其认缴的出资额为限对公司承担责任，公司以其全部资产对公司债务承担责任的企业法人。有限责任公司的特征有以下几点：

（一）股东以出资额为限对公司承担责任

股东以出资额为限对公司承担责任，这是有限责任公司区别于无限责任公司、两合公司

的本质特征，也是有限责任公司兼有资合性的表现。需要注意的是，有限责任是仅对股东而言的，不是指公司对外承担有限责任而言，公司是以其全部财产对公司债务承担责任的。

（二）设立手续和公司机关简易化

有限责任公司的设立手续与股份有限公司的设立手续相比，较为简单。一般由全体设立人制定公司章程，各自认缴出资额，即可在公司登记机关登记设立。有限责任公司的公司机关也较为简单，不一定都要设置董事会和监事会。股东人数较少和规模较小的有限责任公司可以不设董事会或监事会。一人有限责任公司和国有独资公司则不需要设立股东会。

（三）股东对外转让出资受到较为严格的限制

由于有限责任公司是人合兼资合性质的公司，股东之间的相互信任关系非常重要，因此法律对股东转让出资往往做出较严格的限制。有限责任公司股东向股东以外的人转让出资时，必须经全体股东过半数同意；不同意转让的股东应当购买该股东转让的出资，如果不购买该转让的出资，则视为同意转让；经股东同意转让的出资，在同等条件下，其他股东对该出资有优先购买权。

（四）公司的封闭性

有限责任公司一般属于中、小规模的公司，与股份有限公司相比，其在组织与经营上具有封闭性或非公开性。除了企业信用信息公示要求公开的内容外，其设立程序不公开、公司的经营状况不向社会公开。

▶ 实务精讲

高校体育馆的公司化运营

（一）合作经营的运作形式

合作经营是指高校体育馆以高校体育馆的基础设施包括场地、场馆等设施作为投资品，校外其他投资者以现金、设备以及管理等作为投资品，双方合作经营体育业务的经营方式。高校体育馆选择这种经营方式的特点在于通过和校外投资者合作，解决高校体育馆的经营过程中资金缺乏、管理经验缺乏等问题。这种合作经营的方式，一般是盈利收入按照股份制的形式按比例分成。合作经营的双方以有限责任公司的组织形式明确经营过程中遇到的风险和收益，所以这种合作经营的方式营造了利益共享、风险共担的经营机制。高校与校外投资者的这种合作经营方式有利于发挥合作双方各自的优势，扬长避短，从而给经营项目增加了实力和竞争力。高校体育馆在基础设施和人力资源方面具有明显的优势，却在资金、经营管理方面能力缺乏。所以，高校选择与校外投资者的合作方式有利于高校体育馆在市场经济环境中取得良好的发展。

（二）直接经营的运作形式

直接经营是指高校有关部门自己组织部门对体育馆的日常活动进行经营管理。高校直接对体育馆进行经营管理，对于高校自身的发展来说，有很大的优势，主要有高校体育馆能够直接对体育经营的项目直接开发，这不仅节约了资源，还能够对资源做到整体的统筹规划，使资源能够合理地利用起来，实现经济效益及社会效益的最优化。高校直接经营体育馆，在进行经营活动中，不会和高校的体育教学任务造成冲突，能够很好地保证体育教学的正常进行，毕竟高校的主要任务是教学。除了这些优势之外，高校直接经营体育馆还有一些缺陷，如体育馆的前期经营需要大量的资金做支撑，可是高校的资金大部分来自国家财政拨款，投入体育方面的资金也有限，使得高校体育馆的流动资金少，经营项目启动慢。通过分析可以看出，高校体育馆直接经营优势明显大于劣势。高校体育馆刚刚走向市场，由于缺乏经验，各项管理制度也不健全，经营有一定的难度。但是，只要经营得当，就会有利于高校体育馆的发展，甚至有助于高校整体发展。无论高校选择哪种方式经营，都要根据自身情况，具体问题具体分析，选择适合自己的经营方式。

（三）承包制经营的运作形式

承包制经营的运作形式是指高校体育馆通过与校外的一些经营者签订合同，把经营设施以承包的形式让出经营双而获得经济利益的方式。高校体育馆承包制经营主要有两种方式。

1. 整体承包经营

整体承包的经营方式是高校通过寻找一些比较有实力的校外经营者，通过每年缴纳一定的承包费用而对体育馆的整体进行经营。这种方式的弊端，是容易造成价格上的垄断。

2. 分项目承包经营

分项目承包经营指高校把体育馆的不同体育设施和不同的体育项目活动分割开来给多个经营者进行经营。这种方式能够形成竞争，但是不利于高校体育馆的整体发展。高校体育馆承包制经营，可以通过招标、协商等方式对外进行承包。在条件成熟的情况下，招标方式更理想些，它既可以体现市场上的真实价值，又可以杜绝幕后交易。高校体育馆对外承包的优点在于体育馆在管理上比较轻松，能够获得稳定的收入，并且能够专注于对学校的教学。其不足之处在于，高校体育馆对体育馆的经营失去了控制权，对体育馆承包者的经营行为难以进行有效的监管和规范。一旦承包者违反法规，就会与体育馆发生纠纷，且矛盾较难协调。

（四）委托经营的运作形式

委托经营的运作形式是指在不改变体育馆所属权和功能定位的前提下，委托经营单位对体育馆进行经营的一种方式。高校体育馆通过这种方式，不仅可以发挥体育馆的各种体育功能，同时还能有效解决高校建设资金不足的问题。委托的方式只需要学校提供体育场馆等设施，不需要考虑经营问题，这对学校来说，管理起来也比较容易。

四、有限责任公司的注册资本

（一）注册资本的法律规定

注册资本，是有限责任公司在设立时筹集的、由章程载明的、经公司登记机关登记注册的资本。

《公司法》第四十七条："有限责任公司的注册资本为在公司登记机关登记的全体股东认缴的出资额。全体股东认缴的出资额由股东按照公司章程的规定自公司成立之日起五年内缴足。法律、行政法规以及国务院决定对有限责任公司注册资本实缴、注册资本最低限额、股东出资期限另有规定的，从其规定。"

自实行认缴登记制改革以来，实践中涌现了不少"注册资本注水"的公司，股东承诺的认缴资本数额巨大、缴付期限达五十年甚至更长，且股东又可在认缴期限届至之前转让股权，"粉碎"了债权人对注册资本的信赖。设置五年最长认缴期限规则，能够激励股东在确定出资义务时更理性地评估未来经营需求、投资风险和照顾债权人获得偿付的合理预期。

（二）资本原则

公司资本原则，是指由公司法确立的，在公司设立、营运以及管理的整个过程中为确保公司资本的真实、安全而必须遵循的法律准则。传统公司法所确认的三项资本原则最为重要，即资本确定原则、资本维持原则和资本不变原则。

1. 资本确定原则

资本确定原则是指公司设立时应在章程中载明的公司资本总额，并由发起人认足或募足，否则公司不能成立。

2. 资本维持原则

资本维持原则又称资本充实原则，是指公司在其存续过程中，应当经常保持与其资本额相当的财产。我国公司法贯彻了资本维持原则的要义，规定了若干强制性规范以确保公司拥有充足的财产，主要有公司成立后，发起人或股东不得退股，不得抽回股本；公司应按规定提取和使用法定公积金。法定公积金可视为资本储备，主要用途在于弥补公司的亏损、扩大公司经营规模而增加资本；亏损或无利润不得分配股利；公司原则上不能收购自己的股份，也不得接受本公司的股票作为抵押权的标的等。

3. 资本不变原则

资本不变原则是指公司资本总额一旦确定，非经法定程序，不得任意变动。实际上资本不变原则是资本维持原则的必然要求。我国公司法主要对公司资本的减少做出严格限制。这些规定有须编制资产负债表和财产清单；须经股东大会做出决议；须于减资决议后的法定期间内向债权人发出通知并且公告；债权人有权在法定期间内要求公司清偿债务或者提供相应的担保；公司减少注册资本后的数额不得低于法定的最低限额；须向公司登记机关办理变更登记。

五、有限责任公司的股东出资

（一）股东的出资义务

股东应当根据出资协议和公司章程的规定，履行向公司出资的义务。出资协议或公司章程约定为出资须一次缴纳的，股东应当一次足额缴纳；约定为公司成立后分期缴纳的，股东应当按照约定的期限按时缴纳出资。对以实物特别是不动产、设备等和知识产权出资的，股东应当依相关规定办理财产的权利转移手续，使公司取得出资物的合法权利并能有效行使该权利。股东逾期缴纳出资的，应当向已履行出资义务的股东承担违约责任。对于已缴纳给公司的出资财产，股东不能抽回。这是因为以下几方面原因。

第一，股东对公司具有按期足额出资的义务，未按期足额缴纳出资意味着其行为侵害公司独立的财产权，进而对公司的经营发展造成影响。

第二，公司依法成立后，股东与公司是出资合同的相对人，股东是否按期足额缴纳出资影响公司重大利益。

第三，考虑到实践中有限责任公司中小股东难以制衡控股股东的问题，若违约股东为控股股东，中小股东迫于压力或难以要求其承担违约责任。

第四，平衡股东、公司、债权人之间的利益，对滥用认缴期限规则等不负责任的投资对公司和债权人所造成的系统性风险予以规制。

（二）股东的出资的法律规定

（1）股东可以用货币出资，也可以用实物、知识产权、土地使用权、股权、债权等可以用货币估价并可以依法转让的非货币财产作价出资；但是，法律、行政法规规定不得作为出资的财产除外。

随着市场经济的发展和复杂性的增加，这些传统的出资方式已经无法满足公司运营和发展的需要。因此，新《公司法》对此进行了修订，以适应经济社会发展的新要求。

新修订的《公司法》规定，有限责任公司的股东可以用其持有的股权作为出资，这意味着股东可以将其在其他公司中持有的股权作为出资，进一步拓宽了出资方式。这种方式有助于优化资本结构，提高资金使用效率。

同时，债权出资也被明确为一种出资方式。具体来说，股东可以将其对第三方的债权，以债务出资的方式投入公司。这种方式有助于解决公司资金短缺的问题，提高公司的经营效率。

对作为出资的非货币财产应当评估作价，核实财产，不得高估或者低估作价。法律、行政法规对评估作价有规定的，从其规定。

出资形式

2024 年 7 月 1 日，本书作者刘志永、陈泓浩、谢东伟、刘经纬四人经协商，准备成立一家有限责任公司，主要从事图书的经营，其中：

刘志永为公司提供房屋作为经营场所，经评估作价 25 万元；

陈泓浩以本书的著作权作价 20 万元作为出资；

谢东伟以具有丰富的管理经验，提出以管理能力出资，作价 15 万元；

刘经纬，广东某律师事务所欠其 10 万元，以该 10 万元债权作为出资。

四人签订协议后，向市场监督管理局申请注册公司。

请问：四人的出资是否符合法律规定？

【解析】

刘志永的出资为实物出资，符合我国《公司法》的规定。

陈泓浩的出资是我国《公司法》规定知识产权等可以用货币估价并可依法转让的非货币财产作价出资。

谢东伟以管理能力作为出资，不符合我国《公司法》的规定。

刘经纬 10 万元债权作为出资，是《公司法》新规定的出资方式，符合法律规定。

(2) 股东应当按期足额缴纳公司章程规定的各自所认缴的出资额。

股东以货币出资的，应当将货币出资足额存入有限责任公司在银行开设的账户；以非货币财产出资的，应当依法办理其财产权的转移手续。

股东未按期足额缴纳出资的，除应当向公司足额缴纳外，还应当对给公司造成的损失承担赔偿责任。

(3) 有限责任公司设立时，股东未按照公司章程规定实际缴纳出资，或者实际出资的非货币财产的实际价额显著低于所认缴的出资额的，设立时的其他股东与该股东在出资不足的范围内承担连带责任。

(4) 有限责任公司成立后，董事会应当对股东的出资情况进行核查，发现股东未按期足额缴纳公司章程规定的出资的，应当由公司向该股东发出书面催缴书，催缴出资。

未及时履行前款规定的义务，给公司造成损失的，负有责任的董事应当承担赔偿责任。

(5) 股东未按照公司章程规定的出资日期缴纳出资，公司依照前条第一款规定发出书面催缴书催缴出资的，可以载明缴纳出资的宽限期；宽限期自公司发出催缴书之日起，不得少于六十日。宽限期届满，股东仍未履行出资义务的，公司经董事会决议可以向该股东发出失权通知，通知应当以书面形式发出。自通知发出之日起，该股东丧失其未缴纳出资的股权。这个规定叫作"股东催缴失权制度"，第一，从公司契约理论的角度来看，股东与公司之间存在以缴纳出资与接受出资为内容的合同关系，不依法履行出资义务会危及公司资本充实及正常经营。第二，有限责任公司封闭程度较高，为督促股东及时缴纳出资、保护公司和其他利害关系人利益则需要对在出资承诺方面违约的股东构建合理退出机制。

依照前款规定丧失的股权应当依法转让，或者相应减少注册资本并注销该股权；六个月内未转让或者注销的，由公司其他股东按照其出资比例足额缴纳相应出资。

股东对失权有异议的，应当自接到失权通知之日起三十日内，向人民法院提起诉讼。

（6）公司成立后，股东不得抽逃出资。违反前款规定的，股东应当返还抽逃的出资；给公司造成损失的，负有责任的董事、监事、高级管理人员应当与该股东承担连带赔偿责任。

股东的出资，是公司设立并从事生产经营活动的物质基础，股东出资形成的有限责任公司的全部法人财产，是维护公司的正常经营与发展的必要条件，维持公司的资本是公司对外承担债务责任的基本保证。根据公司制度的一般原理，股东作为出资的财产，一旦投入公司，应属于公司的法人财产，股东不得对该财产再主张权利。因此，股东在公司成立后，不得抽逃已投入公司的出资。这一规定对目前存在的有些公司股东利用他人资金，骗取验资及公司设立登记，在登记后即将钱款或财物归还他人的虚假出资行为有明确的针对性。公司成立后，股东违反法律规定抽逃出资的，应承担相应的法律责任。

有限责任公司成立之后股东不得抽逃出资，不等于股东在任何情况下都不得退出公司。按照法律的规定，股东退出公司可以采取以下两种方式：一种方式是将其出资转让给其他股东或者依法将其出资转让给股东以外的人。在这种情况下，公司的资本不会减少，该股东在公司的出资成为受让出资人在公司的投资另一种方式是公司的股东依照公司法规定的条件，请求公司按照合理的价格收购其股权。这样就会导致两种后果：一是公司收回股东的股权后，重新向其他股东转让，使其他股东增加出资。公司维持原有资本；二是公司收购股东的股权后，销毁股权证明书，依法办理公司减资手续。

（7）公司不能清偿到期债务的，公司或者已到期债权的债权人有权要求已认缴出资但未届出资期限的股东提前缴纳出资。这个规定叫作"出资加速到期制度"，第一，在注册资本认缴制下，实践中存在着公司股东设定较长的出资期限，以致公司的注册资本与实收资本长期差异巨大的现象。第二，从公司契约理论来看，在股东与公司的出资关系中，股东认缴但未届期限的出资可作为公司未到期债权，公司不能对外清偿到期债务则意味着公司资产已经不能满足公司的正常经营需要，因此此时公司可以要求股东提前缴纳出资，用于弥补公司经营的资产缺口。

（三）出资证明书

有限责任公司成立后，应当向股东签发出资证明书，记载下列事项。

(1) 公司名称。

(2) 公司成立日期。

(3) 公司注册资本。

(4) 股东的姓名或者名称、认缴和实缴的出资额、出资方式和出资日期。

(5) 出资证明书的编号和核发日期。

出资证明书由法定代表人签名，并由公司盖章。

▶ 公司出资证明书

一、公司名称与地址

公司名称：［公司名称］

公司地址：［公司地址］

二、成立与登记日期

本公司于［成立日期］依法成立，并于［登记日期］在［登记机关］完成工商登记手续，取得法人资格。

三、注册资本总额

本公司注册资本为人民币［注册资本总额］元，业经全体股东按公司章程规定缴纳完毕。

四、股东信息概览

本公司股东信息如下：

股东姓名/名称：［股东1姓名/名称］

身份证号码/统一社会信用代码：［股东1身份证号码/统一社会信用代码］

出资额：［股东1出资额］

持股比例：［股东1持股比例］

股东姓名/名称：［股东2姓名/名称］

身份证号码/统一社会信用代码：［股东2身份证号码/统一社会信用代码］

出资额：［股东2出资额］

持股比例：［股东2持股比例］

……（根据实际股东数量添加）

五、出资额与日期

股东［股东姓名/名称］已于［出资日期］按照公司章程及相关协议的规定，足额缴纳其出资额人民币［出资额］元。

六、证明书编号与日期

本出资证明书编号为［证明书编号］，签发日期为［签发日期］。

七、公司盖章与签发

本证明书经公司法定代表人审核无误，并加盖公司公章，以兹证明。

八、股东权益说明

持有本出资证明书的股东，享有公司章程规定的股东权益，包括参与公司重大决策、享有公司利润分配、优先认购公司新增注册资本等权利。同时，股东应按照公司章程及相关法律法规的规定，履行股东义务，包括缴纳出资、参与股东大会等。

请妥善保管本出资证明书，如有遗失或损坏，请及时向公司申请补办。

特此证明。

[公司名称]

法定代表人：[法定代表人姓名]

签发日期：[签发日期]

（公司公章）

六、有限责任公司的股东名册

有限责任公司应当置备股东名册，记载下列事项。

（1）股东的姓名或者名称及住所。

（2）股东认缴和实缴的出资额、出资方式和出资日期；之所要记载这些事项是因为，第一，股东名册是公司查询股东状况的重要依据和公司开展正常活动的基础，记载股东"认缴""实缴""出资方式""出资日期"等事项有利于公司债权人、投资者了解公司资产情况，以此决定是否对公司进行投资、交易或参与监督管理等。第二，股东是公司存续的基础，股东名册记载"取得和丧失股东资格的日期"可以有效记录公司股东结构的演变历程以及股东状况的好坏，也可在一定程度上直接或间接反映公司的经营状况。

（3）出资证明书编号。

（4）取得和丧失股东资格的日期。

记载于股东名册的股东，可以依股东名册主张行使股东权利。

七、有限责任公司的股东权利

（一）股东权利的原则

股东权的两项基本原则，即股东的有限责任原则和股东权平等原则。

股东的有限责任原则，是指股东除按认缴的股份缴足出资款外，对于公司之债务或公司债权人不负任何其他责任，或曰股东仅以出资额为限对公司承担责任。正是由于股东权的有限责任原则才使得股东能够无后顾之忧地向公司投资，才使得公司能够募集资本，扩充规模。

股东权平等原则是指任一股东所享有之权利与负担之义务均属平等而无差别待遇或歧视，即所谓同股同权。每一股东的出资额在绝大多数情况下都是不一致的，股东只能根据其对公司的出资额的比例来具体享有权利和负担义务，所以每一股东实际享有的权利和负担的义务取决于其出资比例。

（二）股东权利的内容

（1）股东有权查阅、复制公司章程、股东名册、股东会会议记录、董事会会议决议、监事会会议决议和财务会计报告。

（2）股东可以要求查阅公司会计账簿、会计凭证。股东要求查阅公司会计账簿、会计凭证的，应当向公司提出书面请求，说明目的。公司有合理根据认为股东查阅会计账簿、会计凭证有不正当目的，可能损害公司合法利益的，可以拒绝提供查阅，并应当自股东提出书面请求之日起十五日内书面答复股东并说明理由。公司拒绝提供查阅的，股东可以向人民法院提起诉讼。

股东查阅前款规定的材料，可以委托会计师事务所、律师事务所等中介机构进行。

股东及其委托的会计师事务所、律师事务所等中介机构查阅、复制有关材料，应当遵守有关保护国家秘密、商业秘密、个人隐私、个人信息等法律、行政法规的规定。

（三）股东权利的分类

（1）依权利行使之目的为标准，可分为自益权与共益权，自益权是指股东专为自己利益行使的权利，如发给股票或其他股权证明请求权、股份转让权、股息和红利分配请求权、公司剩余财产分配请求权等，共益权是指股东为自己利益同时也为公司利益而行使的权利，如出席股东会并表决权、请求法院宣告股东会决议无效权、请求召集股东临时会或自行召集权。

（2）依权利主体之不同为标准，可分为普通股股东权和特别股股东权，前者是指一般股东享有的权利，后者则是专属特别股股东所享有的权利，有关特别股股东权利的范围、行使顺序、数额、优惠待遇限制等，一般都在公司章程中加以规定。我国公司法对此未做规定。

（3）依权利之性质为标准，可分为固有权和非固有权，前者指根据公司法规定不得以章程或股东会议予以剥夺的权利，如特别权与共益权，后者指可依公司章程或股东会议加以剥夺的权利，自益权多属此类权利。

（4）依权利之行使方式，可分为单独股东权和少数股东权，前者指股东一人可单独行使的权利，如表决权、股息红利分配请求权、股东代表诉讼权等，后者指达不到一定股份数额便不能行使的权利，如股东会临时召集请求权、公司重整申请权等。

任务二　组织机构

一、有限责任公司的股东会

（一）股东会的性质和组成

股东会是有限责任公司的权力机关。除公司法有特别规定的以外，有限责任公司必须设立股东会。但股东会是非常设机关，即它不是常设的公司机构，而仅以会议形式存在，只有在召开股东会会议时，股东会才作为公司机关存在。股东会由全体股东组成。股东是按其所认缴出资额向有限责任公司缴纳出资的人。

《公司法》第五十八条："有限责任公司股东会由全体股东组成。股东会是公司的权力机构，依照公司法行使职权。"

《公司法》第六十条："只有一个股东的有限责任公司不设股东会。股东做出前条第一款所列事项的决定时，应当采用书面形式，并由股东签名或者盖章后置备于公司。"

（二）股东会的职权

（1）选举和更换董事、监事，决定有关董事、监事的报酬事项。

（2）审议批准董事会的报告。

（3）审议批准监事会的报告。

（4）审议批准公司的利润分配方案和弥补亏损方案。

（5）对公司增加或者减少注册资本做出决议。

（6）对发行公司债券做出决议。

（7）对公司合并、分立、解散、清算或者变更公司形式做出决议。

（8）修改公司章程。

（9）公司章程规定的其他职权。

股东会可以授权董事会对发行公司债券作出决议。

对本条第一款所列事项股东以书面形式一致表示同意的，可以不召开股东会会议，直接做出决定，并由全体股东在决定文件上签名或者盖章。

（三）股东会的召开

（1）首次股东会会议由出资最多的股东召集和主持，依照公司法规定行使职权。

（2）股东会会议分为定期会议和临时会议。定期会议应当按照公司章程的规定按时召开。代表十分之一以上表决权的股东、三分之一以上的董事或者监事会提议召开临时会议的，应当召开临时会议。

（3）股东会会议由董事会召集，董事长主持；董事长不能履行职务或者不履行职务的，由副董事长主持；副董事长不能履行职务或者不履行职务的，由过半数的董事共同推举一名董事主持。董事会不能履行或者不履行召集股东会会议职责的，由监事会召集和主持；监事会不召集和主持的，代表十分之一以上表决权的股东可以自行召集和主持。

（4）召开股东会会议，应当于会议召开十五日前通知全体股东；但是，公司章程另有规定或者全体股东另有约定的除外。股东会应当对所议事项的决定做成会议记录，出席会议的股东应当在会议记录上签名或者盖章。

（四）股东会决议

有限责任公司股东会可依职权对所议事项做出决议。一般情况下，股东会会议做出决议时，采取"资本多数决"原则，即由股东按照出资比例行使表决权。但公司章程可以对股东会决议的做出方式另行予以规定，而不按出资比例行使表决权。

（1）股东会会议由股东按照出资比例行使表决权；但是，公司章程另有规定的除外。

（2）股东会的议事方式和表决程序，除公司法有规定的外，由公司章程规定。

股东会做出决议，应当经代表过半数表决权的股东通过。

股东会做出修改公司章程、增加或者减少注册资本的决议，以及公司合并、分立、解散或者变更公司形式的决议，应当经代表三分之二以上表决权的股东通过。

▶ **实务精讲**

股东会决议

案例：某公司股东会决议违反了公司章程，该决议是否有效？

解析：根据《公司法》的规定，股东会决议应当符合公司章程的规定，若违反公司章程则决议无效。因此，该股东会决议无效。

二、有限责任公司的董事会

（一）董事会的性质及其组成

（1）董事会是有限责任公司的业务执行机关，享有业务执行权和日常经营的决策权。它是一般有限责任公司的必设机关和常设机关，股东人数较少或公司规模较小的有限责任公司除外，即可以不设董事会。董事会对股东会负责。

（2）有限责任公司董事会成员为三人以上，其成员中可以有公司职工代表。职工人数三百人以上的有限责任公司，除依法设监事会并有公司职工代表的外，其董事会成员中应当有公司职工代表。董事会中的职工代表由公司职工通过职工代表大会、职工大会或者其他形式民主选举产生。

（3）董事会设董事长一人，可以设副董事长。董事长、副董事长的产生办法由公司章程规定。

（4）董事任期由公司章程规定，但每届任期不得超过三年。董事任期届满，连选可以连任。

（5）董事任期届满未及时改选或者董事在任期内辞任导致董事会成员低于法定人数的，在改选出的董事就任前，原董事仍应当依照法律、行政法规和公司章程的规定，履行董事职务。

（6）董事辞任的，应当以书面形式通知公司，公司收到通知之日辞任生效，但存在前款规定情形的，董事应当继续履行职务。第一，防止出现部分董事已经卸任但还以该公司法定代表人的身份对外行使权利给公司造成损害。第二，打破法定代表人迟迟无法确立的僵局，避免造成原法定代表人不愿卸任，新的法定代表人无法选出而造成公司治理的混乱。

（7）股东会可以决议解任董事，决议做出之日解任生效。无正当理由，在任期届满前解任董事的，该董事可以要求公司予以赔偿。

（8）规模较小或者股东人数较少的有限责任公司，可以不设董事会，设一名董事，行使公司法规定的董事会的职权。

（二）董事会会议

（1）董事会会议由董事长召集和主持；董事长不能履行职务或者不履行职务的，由副董事长召集和主持；副董事长不能履行职务或者不履行职务的，由过半数的董事共同推举一名董事召集和主持。

（2）董事会的议事方式和表决程序，除公司法有规定的外，由公司章程规定。

（3）董事会会议应当有过半数的董事出席方可举行。董事会做出决议，应当经全体董事的过半数通过。

（4）董事会决议的表决，应当一人一票。

（5）董事会应当对所议事项的决定做成会议记录，出席会议的董事应当在会议记录上签名。

（三）董事会的职权

（1）召集股东会会议，并向股东会报告工作。

（2）执行股东会的决议。

（3）决定公司的经营计划和投资方案。

（4）制订公司的利润分配方案和弥补亏损方案。

（5）制订公司增加或者减少注册资本以及发行公司债券的方案。

（6）制订公司合并、分立、解散或者变更公司形式的方案。

（7）决定公司内部管理机构的设置。

（8）决定聘任或者解聘公司经理及其报酬事项，并根据经理的提名决定聘任或者解聘公司副经理、财务负责人及其报酬事项。

（9）制定公司的基本管理制度。

（10）公司章程规定或者股东会授予的其他职权。

（11）公司章程对董事会职权的限制不得对抗善意相对人。

▶ 实务精讲

董事会决议

案例：某公司董事会决议违反了公司章程，该决议是否有效？

解析：根据《公司法》的规定，董事会决议应当符合公司章程的规定，若违反公司章程则决议无效。因此，该董事会决议无效。

三、有限责任公司的审计委员会

有限责任公司可以按照公司章程的规定在董事会中设置由董事组成的审计委员会，行使公司法规定的监事会的职权，不设监事会或者监事。公司董事会成员中的职工代表可以成为审计委员会成员。

审计委员会是有限责任公司董事会的内部机构，按照公司章程在董事会中设立。其主要成员全部由董事组成，且在新《公司法》的规定下，有限责任公司可以根据自身公司章程的规定在董事会中设置这一机构，以行使原本由监事会履行的职权。这意味着，审计委员会在有限责任公司中起到了对财务和董事、高级管理人员执行职务行为的监督作用。

审计委员会的职权包括但不限于检查公司财务，对董事、高级管理人员执行职务的行为进行监督，对违反法律、行政法规、公司章程或者股东会决议的董事、高级管理人员提出解任的建议，当董事、高级管理人员的行为损害公司的利益时要求他们予以纠正，提议召开临时股东会会议，在董事会不履行召集和主持股东会会议职责时召集和主持股东会会议，向股东会会议提出提案，以及对董事、高级管理人员提起诉讼等。

此外，审计委员会还负责审计公司的财务收支状况，包括会计报告的真实性、正确性、合规性和合法性，以及资产管理情况，核查固定资产、流动资产收支的合理性及资金占用额的真实性。对于营业收入、营业成本、税金、利润等关键财务指标的审计，也是其职责之一。

审计委员会的设立和职权可能因公司章程的具体规定而有所不同，因此在实际操作中，应参考公司章程以及相关法律法规的具体要求。同时，审计委员会的成员应具备相关的财务和审计知识，以确保其能够有效地履行职责。

四、有限责任公司的经理

经理，在现代公司治理结构中，是指在董事会的领导下负责公司日常生产经营管理工作的业务执行机构。在现代公司中，股东会负责公司各项重大事项的决策；董事会负责执行股东会决策，同时还要承担股东会权限之外的经营决策。董事会为了履行自己的上述职能，就需要有一批专门的经营管理人员来帮助自己，特别是在规模比较大的公司，业务繁重，仅靠董事会无法负担日常的经营管理工作，就更需要专门的机构来辅助董事会进行业务执行和经营管理工作。

（1）有限责任公司的经理是负责公司日常经营管理工作的高级管理人员。有限责任公司可以设经理，由董事会决定聘任或者解聘。经理对董事会负责，根据公司章程的规定或者董事会的授权行使职权。经理列席董事会会议。

（2）规模较小或者股东人数较少的有限责任公司，可以不设董事会，设一名董事，行使公司法规定的董事会的职权。该董事可以兼任公司经理。

经理是公司的雇员，是董事会的业务执行机构，因此，本条规定经理由董事会决定聘任或者解聘，在董事会的领导下工作，对董事会负责。此外，法律中"经理"的含义同实践中"经理"的含义并不完全相同。法律中的经理是指对公司日常经营管理工作负总责的管理人员，实践中一般称为总经理；实践中的负责公司某部门具体管理工作的所谓经理或部门经理，一般是在总经理领导下、协助总经理负责日常管理工作的中级管理人员，不是公司法所讲的"经理"，不享有公司法规定的经理职权。

经理的职权主要包括以下四个方面。

第一，组织经营权经理是公司日常业务的执行机构，要负责公司的日常生产经营管理工作。同时，经理作为董事会的执行机构，还要负责执行董事会制订的公司年度经营计划、投资方案以及董事会的其他决议。

第二，公司内部规章的拟定、制定权，包括公司内部机构设置方案、公司基本管理制度的拟定权和公司的其他具体规章的制定权。

第三，人事任免权。经理可以向董事会提出公司副经理、财务负责人的人选由董事会决定聘任或者解聘；同时，经理可以直接聘任或者解聘除应由董事会决定聘任或者解聘以外的其他负责管理人员。

第四，董事会授予的其他职权。

此外，经理作为董事会的执行机构，还可以列席董事会会议。

五、有限责任公司的监事会

（一）监事会的性质及其组成

（1）监事会为经营规模较大的有限责任公司的常设监督机关，专司监督职能。监事会对股东会负责，并向其报告工作。

（2）监事会成员为三人以上。监事会成员应当包括股东代表和适当比例的公司职工代表，其中职工代表的比例不得低于三分之一，具体比例由公司章程规定。监事会中的职工代表由公司职工通过职工代表大会、职工大会或者其他形式民主选举产生。

（3）监事会设主席一人，由全体监事过半数选举产生。监事会主席召集和主持监事会会议；监事会主席不能履行职务或者不履行职务的，由过半数的监事共同推举一名监事召集和主持监事会会议。

（4）董事、高级管理人员不得兼任监事。

（5）监事的任期每届为三年。监事任期届满，连选可以连任。

（6）监事任期届满未及时改选或者监事在任期内辞任导致监事会成员低于法定人数的，在改选出的监事就任前，原监事仍应当依照法律、行政法规和公司章程的规定，履行监事职务。

（二）监事会的职权

（1）检查公司财务。

（2）对董事、高级管理人员执行职务的行为进行监督，对违反法律、行政法规、公司章程或者股东会决议的董事、高级管理人员提出解任的建议。

（3）当董事、高级管理人员的行为损害公司的利益时，要求董事、高级管理人员予以纠正。

（4）提议召开临时股东会会议，在董事会不履行公司法规定的召集和主持股东会会议职责时召集和主持股东会会议。

（5）向股东会会议提出提案。

（6）依照公司法第一百八十九条的规定，对董事、高级管理人员提起诉讼。

（7）公司章程规定的其他职权。

监事可以列席董事会会议，并对董事会决议事项提出质询或者建议。监事会发现公司经营情况异常，可以进行调查；必要时，可以聘请会计师事务所等协助其工作，费用由公司承担。

监事会可以要求董事、高级管理人员提交执行职务的报告。

董事、高级管理人员应当如实向监事会提供有关情况和资料，不得妨碍监事会或者监事行使职权。

（三）监事会会议

（1）监事会每年度至少召开一次会议，监事可以提议召开临时监事会会议。

（2）监事会的议事方式和表决程序，除公司法有规定的外，由公司章程规定。

（3）监事会决议应当经全体监事的过半数通过。

（4）监事会决议的表决，应当一人一票。

（5）监事会应当对所议事项的决定做成会议记录，出席会议的监事应当在会议记录上签名。

（6）监事会行使职权所必需的费用，由公司承担。

（7）规模较小或者股东人数较少的有限责任公司，可以不设监事会，设一名监事，行使公司法规定的监事会的职权；经全体股东一致同意，也可以不设监事。

习题精练

一、单项选择题

1. 有限责任公司由（　　）股东出资设立。
   A. 一个以上五十个以下　　　　　B. 一个以上一百个以下
   C. 二个以上一百个以下　　　　　D. 二个以上二百个以下

2. 全体股东认缴的出资额由股东按照公司章程的规定自公司成立之日起（　　）年内缴足。
   A. 二　　　　　　　　　　　　　B. 三
   C. 四　　　　　　　　　　　　　D. 五

3. 只有（　　）股东的有限责任公司不设股东会。
   A. 一个　　　　　　　　　　　　B. 二个
   C. 三个　　　　　　　　　　　　D. 四个

4. 股东会做出修改公司章程、增加或者减少注册资本的决议，以及公司合并、分立、解散或者变更公司形式的决议，应当经代表（　　）以上表决权的股东通过。
   A. 二分之一　　　　　　　　　　B. 三分之一
   C. 三分之二　　　　　　　　　　D. 五分之四

5. 董事任期由公司章程规定，但每届任期不得超过（　　）年。
   A. 一年　　　　　　　　　　　　B. 两年
   C. 三年　　　　　　　　　　　　D. 四年

二、多项选择题

1. 股东权的特征（　　）。
   A. 股东权内容具有综合性
   B. 股东权内容具有单一性
   C. 股东权是股东通过出资所形成的权利
   D. 股东权是一种社员权
   E. 股东权是一种会员权。

2. 公司章程的基本特征（　　）。
   A. 意定性　　　　　　　　　　　B. 法定性

C. 真实性   D. 自治性

E. 自律性

三、名词解释

1. 股东。

2. 资产收益权。

3. 有限责任公司章程。

4. 有限责任公司注册资本。

四、简答题

1. 有限责任公司的特征。

2. 经理的职权。

五、论述题

有限责任公司的资本原则。

项目四

有限责任公司的股权转让

【知识目标】

1. 明确股权转让是指股东将其在公司中的股份权益转让给他人的行为。

2. 了解股权转让是股东权利的一部分，具有合同性质，须遵循合同法原则。

3. 掌握《中华人民共和国公司法》及其他相关法律法规中关于股权转让的规定。

【能力目标】

1. 股权转让纠纷解决，熟悉在发生股权转让纠纷时，如何通过协商和调解的方式解决争议。

2. 掌握股权转让协议的签订过程，包括协议的主要内容、双方权利和义务等。

3. 熟悉股权转让后的工商变更登记流程。

【素质目标】

1. 识别并防范股权转让合同中可能存在的风险点，如履约不能、违约责任等。

2. 了解法律法规对股权转让可能产生的风险，如违法转让、无效转让等。

|||||||||||||||| 任务一　转让规则 ||||||||||||||||

一、对内转让的规则

有限责任公司的股东相互之间可以自由转让股权。可以是转让部分股权，也可以是转让全部股权。在转让部分股权的情况下，转让方仍保留股东身份，只是转让方与受让方各自的股权比例发生变化而已。在全部转让的情况下，转让方退出公司。

《公司法》第八十四条："有限责任公司的股东之间可以相互转让其全部或者部分股权。"

二、对外转让的规则

有限责任公司的股东可以将其持有的公司股权转让给股东以外的第三人，但须符合公司法的相关规定。

（一）其他股东的同意权及其行使

股东向股东以外的第三人转让股权，无论是部分转让还是全部转让，应当经其他股东过半数的同意。此项同意以股东人数计算，而非以股东持有的有表决权的股数计算。程序上，欲对外转让股权的股东应当就股权转让事项以书面形式通知其他股东，征求其他股东的同意。其他股东可以同意也可以不同意，但应当给予转让方答复。如果其他股东在接到转让方的书面通知之日起三十日未予答复的，则视为其同意转让方对外转让股权。其他股东半数以上不同意转让的，不同意的股东应当购买该转让的股权；不购买的，视为同意转让。公司法的这一规定为有限责任公司股东提供了有效的股权退出机制，方便了投资行为，保护了股东投资的自由与退出公司的自由。

若不同意对外转让的股东购买该转让的股权，股权转让价格应当由购买方与转让方通过协商确定。不能协商确定的，可以聘请第三人对股权价格进行评估，按评估的价格转让。

（二）其他股东的优先购买权

股东向股东以外的人转让股权的，应当将股权转让的数量、价格、支付方式和期限等事项书面通知其他股东，其他股东在同等条件下有优先购买权。股东自接到书面通知之日起三十日内未答复的，视为放弃优先购买权。两个以上股东行使优先购买权的，协商确定各自的购买比例；协商不成的，按照转让时各自的出资比例行使优先购买权。公司章程对股权转让另有规定的，从其规定。

同等条件下的优先购买权并非强制性规定。如果公司章程中对股东对外转让股权有不同的或相反的规定，则从其约定。公司章程可以规定股东对外转让股权时其他股东不享有优先购买权；可以规定其他股东享有优先购买权的具体条件；可以规定其他股东行使优先购买权的程序等。

（三）强制执行程序中的股东优先购买权

人民法院依照法律规定的强制执行程序转让股东的股权时，应当通知公司及全体股东，其他股东在同等条件下有优先购买权。其他股东自人民法院通知之日起满二十日不行使优先购买权的，视为放弃优先购买权。

三、股权转让形式

有限责任公司的股权转让形式包括现金交易、非现金交易以及无偿转让等。具体采用何种形式，取决于转让双方的协商和公司的实际情况。在选择股权转让形式时，应当考虑其合法性、合规性以及税务处理等方面的问题。

四、股权权属与权能转让

股权转让不仅仅是股份的转移，还包括与股份相关的所有权利和义务的转让。因此，在股权转让过程中，应当明确转让方和受让方的权利与义务，包括公司管理权、分红权、知情权等。同时，要确保这些权能的转让符合公司章程和相关法律法规的规定。

任务二　转让流程

一、股权转让步骤

股权转让的流程通常包括以下几个步骤。

（1）确定转让方和受让方，并协商确定转让价格、转让形式等具体事项。

（2）征求其他股东的意见，并取得过半数股东的同意（针对对外转让）。

（3）签署股权转让协议，明确双方的权利和义务。

（4）办理税务手续，缴纳相关税费。

（5）办理工商变更登记手续，更新股东名册和相关文件。

二、签署协议与完税

在确定股权转让的具体事项并征得其他股东的同意后，转让方和受让方应当签署正式的股权转让协议。协议中应明确双方的权利和义务、转让价格、支付方式、股权转让的生效时间等关键条款。同时，双方还需要根据税法规定办理相关税务手续，如缴纳印花税、所得税等。

三、办理变更登记

完成协议签署和税务处理后，转让方和受让方需要向工商行政管理部门提交相关材料，办理股权变更登记手续，这包括提交股权转让协议、完税证明、公司股东会决议等材料。

工商部门在审核无误后，将更新公司的股东名册和相关信息，完成股权变更登记。

（1）股东转让股权的，应当书面通知公司，请求变更股东名册；需要办理变更登记的，并请求公司向公司登记机关办理变更登记。公司拒绝或者在合理期限内不予答复的，转让人、受让人可以依法向人民法院提起诉讼。

（2）股权转让的，受让人自记载于股东名册时起可以向公司主张行使股东权利。

（3）依照公司法转让股权后，公司应当及时注销原股东的出资证明书，向新股东签发出资证明书，并相应修改公司章程和股东名册中有关股东及其出资额的记载。对公司章程的该项修改不需再由股东会表决。

四、股东转让过程中出资义务

（1）股东转让已认缴出资但未届出资期限的股权的，由受让人承担缴纳该出资的义务；受让人未按期足额缴纳出资的，转让人对受让人未按期缴纳的出资承担补充责任。

（2）未按照公司章程规定的出资日期缴纳出资或者作为出资的非货币财产的实际价额显著低于所认缴的出资额的股东转让股权的，转让人与受让人在出资不足的范围内承担连带责任；受让人不知道且不应当知道存在上述情形的，由转让人承担责任。

五、股东的股权收购请求权

有限责任公司有较强的人合性质，股东相互之间的信任与合作对于公司的经营管理和发展非常重要。

如果某一或某些股东对继续作为公司股东失去信心或不愿意与其他股东继续合作，又无第三人愿意受让其股权，或者其不愿意对外转让股权，在此情形下，法律应当为这些股东提供合理的救济渠道，保障股东退出公司的正当自由，保护人们的投资积极性与安全感。

有下列情形之一的，对股东会该项决议投反对票的股东可以请求公司按照合理的价格收购其股权。

（1）公司连续五年不向股东分配利润，而公司该五年连续盈利，并且符合公司法规定的分配利润条件。

（2）公司合并、分立、转让主要财产。

（3）公司章程规定的营业期限届满或者章程规定的其他解散事由出现，股东会通过决议修改章程使公司存续：①自股东会决议做出之日起六十日内，股东与公司不能达成股权收购协议的，股东可以自股东会决议做出之日起九十日内向人民法院提起诉讼；②公司的控股股东滥用股东权利，严重损害公司或者其他股东利益的，其他股东有权请求公司按照合理的价格收购其股权；③公司收购的本公司股权，应当在六个月内依法转让或者注销。

六、自然人股东资格的继承

《公司法》第九十条："自然人股东死亡后，其合法继承人可以继承股东资格；但是，公司章程另有规定的除外。"有限责任公司的自然人股东如果死亡或者被宣告死亡，该股东有符合规定的合法继承人，该合法继承人可以继承股东资格。但是，如果公司章程对此种情形另有规定，则从其规定。例如，公司章程规定股东死亡时，死亡股东的继承人不能自动取得股东资格，而须征得其他股东一定比例的同意，或者规定继承人在符合何种条件时方能继承股东资格等。

如果公司章程没有相关规定，则当自然人股东死亡时，其合法继承人愿意取得股东资格的，其他股东应当允许。如果继承人不愿意取得股东资格，则应通过协商或者评估确定该股东的股权价格，由其他股东受让该股权或由公司收购该股权，继承人取得股权转让款。如果该股东有数个合法继承人，且都愿意继承股东资格，则由该数个继承人通过协商确定各自继承股权的份额。

▶ **实务精讲** --

股权转让无效

原告诉请：程某（程甲的母亲，程甲是未成年人）在未征得程甲同意亦未告知程甲的情况下，与上海某商务咨询中心签订《股权转让协议》，将程甲所持有的某新材料集团有限公司的股权转让至程某控制的上海某商务咨询中心名下，并已完成工商变更登记手续。程甲认为，其所持有的某新材料集团有限公司的股权系其个人合法资产，程某在程甲毫不知情的情况下，将该股权转让至其实际控制的上海某商务咨询中心名下，对程甲合法权益造成了严重侵害。

法院认为，法定监护人转让被监护人名下标的公司股权，超出了约定的授权范围，且被监护人明确对转让行为表示反对，该股权转让行为对被监护人不发生效力。法定监护人转让股权后，未成年人股东从直接持有目标公司股份转变为通过持有合伙企业财产份额从而间接持有目标公司股份。

即使股份份额没有变化，鉴于股东权利不仅仅是指股权所对应的出资份额，更包括身份所享有的参与重大决策和经营管理等权利，以及更为重要的自主依法处分股权资产的权利，仍应认定法定监护人该种股权转让行为实质上损害了未成年被监护人的合法权益，有违社会主义核心价值观，该《股权转让协议》对未成年人股东不发生效力。

习题精练

一、单项选择题

1. 股东向股东以外的人转让股权的，应当将股权转让的数量、价格、支付方式和期限等事项书面通知其他股东，其他股东在同等条件下有优先购买权。股东自接到书面通知之日起（　　）内未答复的，视为放弃优先购买权。
   A. 五日　　　　　　　　　　　B. 十日
   C. 二十日　　　　　　　　　　D. 三十日

2. 股东向股东以外的第三人转让股权，无论是部分转让还是全部转让，应当经其他股东（　　）同意。
   A. 半数的同意　　　　　　　　B. 过半数的同意
   C. 三分之二的同意　　　　　　D. 三分之二以上的同意

3. 股东转让股权的，应当书面通知公司，请求变更（　　）。
   A. 工商登记　　　　　　　　　B. 股东名册
   C. 信用信息公示　　　　　　　D. 持股比例

4. 受让人未按期足额缴纳出资的，转让人对受让人未按期缴纳的出资承担（　　）。
   A. 补充责任　　　　　　　　　B. 连带责任
   C. 违约责任　　　　　　　　　D. 补偿责任

5. 未按照公司章程规定的出资日期缴纳出资或者作为出资的非货币财产的实际价额显著低于所认缴的出资额的股东转让股权的，转让人与受让人在出资不足的范围内承担（　　）。
   A. 补充责任　　　　　　　　　B. 连带责任
   C. 违约责任　　　　　　　　　D. 补偿责任

6. 自然人股东死亡后，其合法继承人（　　）；但是，公司章程另有规定的除外。
   A. 可以继承股东资格
   B. 不可以继承股东资格
   C. 可以继承股东身份
   D. 不能继承任何财产

7. 股东向股东以外的人转让股权的，应当将股权转让的数量、价格、支付方式和期限等事项书面通知其他股东，其他股东在同等条件下（　　）。
   A. 有优先购买权
   B. 有否决权
   C. 无优先购买权
   D. 无否决权

二、简答题

1. 什么情形下，对股东会该项决议投反对票的股东可以请求公司按照合理的价格收购其股权？

2. 有限责任公司的股东对内转让股权的规则？

3. 有限责任公司的股东向股东以外的第三人转让股权的规则？

项目五

股份有限公司的设立和组织机构

【知识目标】

1. 了解成立股份有限公司须满足一定的条件，包括发起人数量、注册资本最低限额、设立方式（发起设立或募集设立）等。

2. 掌握股份有限公司的设立程序，通常包括发起人协议、制定公司章程、认缴出资或股份、选举董事会和监事会、申请设立登记等步骤。

3. 识记股份有限公司的组织机构框架，通常包括股东会、董事会、监事会和经理层。

【能力目标】

1. 掌握公司治理结构包括股东会、董事会、监事会和经理层之间的权责关系。

2. 股份有限公司章程的起草与制定。

【素质目标】

1. 股份有限公司的信息披露制度，确保公司信息的公开、公平、公正。公司应及时、准确、完整地披露与投资者利益相关的信息，提高公司的透明度和公信力。

2. 在股份有限公司的设立和组织机构中，严格遵守国家法律法规和公司章程，保障公司的规范运作和股东的合法权益。

任务一　股份有限公司设立

一、股份有限公司的概念和特征

股份有限公司，简称股份公司，是指其全部资本分为等额股份，股东以其所持股份为限对公司承担责任，公司以其全部资产对公司的债务承担责任的企业法人。它具有以下特征。

（1）公司的全部资本分为等额股份。股份有限公司全部资本分为等额股份，是指公司资本划分为股份，每股金额相等，白发起人或股东认购并持有。股份作为公司资本的基本单位，这是股份有限公司最重要的特征。

（2）股东负有限责任。股份有限公司股东对公司的责任仅以其所持股份为限，公司则以其全部资产对外承担负责。此与有限责任公司的股东所负的有限责任是同样的。

（3）开放性与社会性。股份有限公司可以通过对外公开发行股票，向社会募集资金。任何投资者都可以通过购买股票而成为股份有限公司的股东，从而使股份有限公司具有了最广泛的社会性。股东可以自由转让其持有的公司股份。并且，为了便于投资者的决策及有利于对公司的法律监管，法律规定了股份有限公司的信息披露制度。所以，股份有限公司也被称为开放性公司。

二、股份有限公司的设立方式

根据《公司法》第九十一条的规定："股份有限公司的设立方式有两种：一是发起设立，发起设立又称'同时设立''单纯设立'等，是指公司的全部股份或首期发行的股份由发起人自行认购而设立公司的方式；二是募集设立，募集设立又称'渐次设立'或'复杂设立'，是指发起人只认购公司股份或首期发行股份的一部分，其余部分对外募集而设立公司的方式。"

（一）发起设立

发起设立，是指由发起人认购公司应发行的全部股份，不向发起人之外的任何人募集而设立公司。《公司法》第九十二条："设立股份有限公司，应当有一人以上二百人以下为发起人，其中应当有半数以上的发起人在中华人民共和国境内有住所。"发起设立在程序上较为简便。

发起设立的程序包括以下几方面。

（1）发起人认购股份。发起人应当书面认足公司章程规定其认购的股份。认购采用书面形式，载明认股人的姓名或名称、住所、认股数、应交股款金额、出资方式，由认股人填写、签章。认购书一经填妥并签署，即具有法律上的约束力。

（2）发起人缴清股款。发起人在认购股份后，如规定其一次缴纳的，应即缴纳全部出资；分期缴纳的，应即缴纳首期出资。发起人以实物、工业产权、非专利技术或者土地使用权出资的，应当依法估价，并办理财产权转移手续。

（3）选举董事会和监事会。发起人缴纳首期出资后，应当选举董事会和监事会。

（4）申请设立登记。董事会应向公司登记机关申请设立登记，申请时应当报送公司章程、验资机构出具的验资证明以及其他文件。公司登记机关自接到股份有限公司的设立申请之日起三十日内做出是否予以登记的决定。对符合法律规定条件的，发给公司营业执照。公司以营业执照签发日期为公司成立日期。公司成立后，应当进行公告。

（二）募集设立

募集设立，是指由发起人认购公司应发行股份的一部分，其余部分向社会公开募集而设立公司。由于募集设立的股份有限公司资本规模较大，涉及众多投资者的利益，故公司法均对其设立程序严格限制。例如，为防止发起人完全凭借他人资本设立公司，损害一般投资者的利益，各国大都规定了发起人认购的股份在公司股本总数中应占的比例。募集设立的程序有如下几个方面。

1. 发起人认购股份

以募集方式设立股份有限公司的，发起人认购的股份不得少于公司应发行股份总数的35%。法律、行政法规对此另有规定的，从其规定。

2. 公告招股说明书，制作认股书

招股说明书应当附有发起人制定的公司章程，并载明下列事项：发起人认购的股份数；每股的票面金额和发行价格；无记名股票的发行总数；募集资金的用途；认股人的权利和义务；本次募股的起止期限及逾期未募足时认股人可撤回所认股份的说明。

3. 签订承销协议和代收股款协议

发起人就股份承销的方式、数量、起止日期、承销费用的计算与支付等具体事项，与证券公司签订承销协议；发起人就代收和保存股款的具体事宜，与银行签订代收股款协议。

4. 召开创立大会

创立大会通常被认为是股份有限公司募集设立过程中的决议机构。发起人应当在发行股份的股款缴足后三十日内主持召开创立大会。创立大会由发起人、认股人组成。创立大会的职权包括以下方面。

（1）审议发起人关于公司筹办情况的报告。

（2）通过公司章程。

（3）选举董事会成员。

（4）选举监事会成员。

（5）对公司的设立费用进行审核。

（6）对发起人用于抵作股款的财产的作价进行审核。

（7）发生不可抗力或者经营条件发生重大变化直接影响公司设立的，可以做出不设立公司的决议。

创立大会对前款所列事项做出决议，必须经出席会议的认股人所持表决权过半数通过。

5. 设立登记并公告

以募集方式设立的公司在创立大会结束后三十日内，由董事会向公司登记机关即市场监

督管理行政管理局申请设立登记，并按照公司登记管理条例的规定，提交有关文件。

(1) 公司登记申请书。

(2) 创立大会的会议记录。

(3) 公司章程。

(4) 验资证明。

(5) 法定代表人、董事、监事的任职文件及其身份证明。

(6) 发起人的法人资格证明或者自然人身份证明。

(7) 公司住所证明。

其中，以募集方式设立股份有限公司公开发行股票的，还应当向公司登记机关报送国务院证券监督管理机构的核准文件。

其一，维持募集设立的股份有限公司的验资规定。

其二，考虑到类别股的存在打破了既有"同股同权"的样态，募集设立股份有限公司的成立大会的出席股东要求由股份总数过半数调整为表决权过半数。

其三，发起设立的股份有限公司可自行约定成立大会的召开和表决程序，给予了其较大的自治权限。

其四，合理化了公司登记主体，由董事会授权代表申请设立登记。同时，删减了登记文件的列举式规定，交由其余规范性文件具体调整。

三、公司设立中发起人的责任

发起人是指筹办公司的设立事务、认购公司的股份、进行公司设立行为的人。发起人对于股份有限公司的设立具有重要意义。发起人在进行公司设立行为过程中，应当签订发起人协议，明确各自在公司设立过程中的权利和义务。发起人在公司设立过程中的相互关系属于合伙性质的关系，其权利、义务、责任可以适用合伙的有关规定。

▶ **实务精讲**

发起人转让股权是否就脱离了发起人的身份

如果发起人在公司设立后转让股权的，其是否就脱离了发起人的身份？

"发起人"的概念仅在股份公司中出现，有限责任公司是以"设立时的股东"进行解释的。实践中普遍对发起人的认定持从严的态度，其中，对发起人的身份的认定应是终身的，即便以后转让股权，也不能使发起人身份灭失。

《公司法》第九十三条："股份有限公司发起人承担公司筹办事务。发起人应当签订发起人协议，明确各自在公司设立过程中的权利和义务。"

《公司法》第一百零三条："募集设立股份有限公司的发起人应当自公司设立时应发行股份的股款缴足之日起三十日内召开公司成立大会。发起人应当在成立大会召开十五日前将会议日期通知各认股人或者予以公告。成立大会应当有持有表决权过半数的认股人出席，方可举行。

以发起设立方式设立股份有限公司成立大会的召开和表决程序由公司章程或者发起人协议规定。"

在设立公司的过程中，发起人应当承担下列责任。

（1）公司不能成立时，对设立行为所产生的债务和费用负连带责任。

（2）公司不能成立时，对认股人已缴纳的股款，负返还股款并加付同期银行存款利息的义务。

（3）在公司设立过程中，因自己的过失使公司利益受到损害的，应当对公司承担赔偿责任。

（4）发起人虚假出资，如未支付货币、实物或者未转移财产权，欺骗债权人和社会公众的，责令改正，处以虚假出资金额 5% 以上 15% 以下的罚款。

（5）发起人在公司成立后抽逃其出资的，责令其改正，处以所抽逃出资金额 5% 以上 15% 以下的罚款。

▶ 实务精讲

发起人未按期召开创立大会的责任

南方股份有限公司发起人在招股说明书中承诺自 2026 年 2 月 1 日至 2026 年 5 月 1 日止，三个月内首批向社会公开募集资金五千万元后，召开公司创立大会，但是，南方股份有限公司发起人在按期募足资金后，拖延至 2026 年 6 月 5 日仍未发出召开公司创立大会通知，股东要求股份有限公司发起人按所认购的股金加算银行利息予以返还。

南方股份有限公司发起人认为公司按期募足了股份，目前正在积极筹备召开公司创立大会，股东的要求不仅有违股金不可抽回的法律规定，而且这一行为将直接导致公司因未按期募足资金而不能成立，致发起人遭受较大的经济损失，不同意股东的要求。

双方几经协商未达成一致，诉至人民法院。

请问：如果你是法官，如何审理该案？

【解析】

该案是发起人违反以募集方式设立股份有限公司程序而导致公司不能设立的典型案例，股东因发起人未按期召开创立大会申请公司设立登记而要求退股，合理合法，发起人拒绝股东要求无法无据，人民法院判决完全正确。

发起人在不同意股东要求退还股东的要求时提到法律规定"股东不得抽回股本"，是《公司法》的明文规定。《公司法》规定除下述三种情形外，股东不可抽回股本。

1. 未按期募足股份。

2. 发起人未按期召开创立大会。

3. 创立大会决议不设立公司。

发起人如果满足了上述三种情形，认股人不得抽回所认缴的股份；认股人只有在发起人未满足上述三个条件之一时，才有权要求发起人返还所认购的股份。

《公司法》规定的股本不可抽回，是公司制度的一大特征。公司的资产，是公司完整性和正常运行的保证，也是全体股东基本利益的保证，而股本则是公司经营的物质基础，是公司成立、生存、发展的基本物质条件；同时还是公司对债权人的债权最低担保额，是公司的信用标准，因发起人没有满足上述三个条件，公司不能设立，股东认缴的股份失去了投资意义，股东要求发起人返还认缴股金的要求是合理的。《公司法》规定："发行的股份超过招股说明书规定的截止日期尚未募足的，或者发行股份的股款缴足后，发行人在三十日内未召开创立大会的，认股人可以按照所缴股款并加算银行同期存款利息，要求发起人返还。"

发起人不同意股东要求的另一个理由是："目前正在积极筹备召开公司创立大会"，发起人的这一理由严重违反《公司法》"发起人应当自股款缴足之日起三十日内召开创立大会"的规定（这是法定的会议召开时间），所以南方股份有限公司的发起人应当在5月31日前组织召开创立大会，并且应当在创立大会召开前十五日发出创立大会召开通知，而南方公司的发起人拖至6月5日还未发出召开创立大会的通知，其"积极筹备"根本是虚拟。

关于召开创立大会，是发起人的重要义务之一，创立大会的成功召开，是公司设立的十分重要的程序，发起人不召开创立大会，意味着公司不能申请设立登记，即：公司不能成立。

创立大会，由发起人召集并主持，创立大会的召开，按照《公司法》的规定，应当有代表股份总数过半数的发起人、认股人出席，否则创立大会不可举行。召开创立大会，发起人应准备下列内容由全体参会人员讨论通过。

（1）发起人关于公司筹办情况的报告。

（2）公司章程。

（3）选举董事会成员。

（4）选举监事会成员。

（5）对公司的设立费用进行审核。

（6）对发起人用于抵作股款的财产的作价进行审核。

（7）发生不可抗力或者经营条件发生重大变化直接影响公司的设立的，可以做出不设立公司的决议。

发起人没有在法定的时间内履行召集和主持创立大会的义务，公司设立的重大事项未经创立大会讨论通过，没有得到全体股东半数以上的认可，这是公司设立的实质性工作，发起人的"积极筹备"应当在这些方面有所表现，发起人因未准备好上述会议内容而延迟召开或者不召开创立大会，公司不能设立的后果应由发起人承担。

发起人认为返还股东股本，直接后果是公司因资金未按期募足而导致公司不能设立，发起人因此而承担因公司不能设立的费用损失。

《公司法》关于发起人在发起设立公司时所支付的费用，因公司不能设立，应按发起人之间的协议规定，由各发起人承担，不能为减少或者不承担因发起设立南方公司的费用而拒绝股东因公司不能设立要求返还股本的要求。

本案中，发起人违反《公司法》的规定，不开或超过规定的时间没有召开创立大会而致公司不能成立的直接后果，应当由发起人了承担；发起人拒绝股东的合理要求，并几经协商未果引起的诉讼，其诉讼费用亦应由发起人承担。

四、股份有限公司章程

设立股份有限公司，应当由发起人共同制定公司章程。

股份有限公司章程应当载明下列事项。

（1）公司名称和住所。

（2）公司经营范围。

（3）公司设立方式。

（4）公司注册资本、已发行的股份数和设立时发行的股份数，面额股的每股金额。

（5）发行类别股的，每一类别股的股份数及其权利和义务。

（6）发起人的姓名或者名称、认购的股份数、出资方式。

（7）董事会的组成、职权和议事规则。

（8）公司法定代表人的产生、变更办法。

（9）监事会的组成、职权和议事规则。

（10）公司利润分配办法。

（11）公司的解散事由与清算办法。

（12）公司的通知和公告办法。

（13）股东会认为需要规定的其他事项。

▶ 股份有限公司章程 ....

第一章　公司基本信息

第一条　公司名称：××股份有限公司（以下简称"公司"）

第二条　公司住所：[填写公司具体地址]

第三条　公司为依照《中华人民共和国公司法》和其他有关法律、行政法规成立的股份有限公司。

第四条　公司的经营范围：[详述公司的主营业务和兼营业务]

第五条　公司注册资本：人民币[填写注册资本金额]元。

第二章　发起人及股份

第六条　公司的发起人为：［列出所有发起人的姓名或名称及各自认购的股份数］

第七条　公司股份采取记名股票形式，每股面值人民币一元。

第八条　公司股份的发行、转让和质押须遵守《公司法》和其他有关法律法规的规定。

第三章　权利机构设置

第九条　公司设立股东大会作为公司的最高权力机构。

第十条　公司设立董事会，对股东大会负责。董事会设董事长一人，可以设副董事长。

第十一条　公司设立监事会，对董事会及其成员和经理等高级管理人员行使监督职能。

第四章　法定代表人

第十二条　公司法定代表人由董事长担任。

第十三条　法定代表人代表公司对外行使职权，签署重要文件。

第五章　利润分配与清算

第十四条　公司按照《公司法》和相关法律法规的规定，结合公司实际情况，制订利润分配方案。

第十五条　公司依法缴纳税款和提取法定公积金、任意公积金后所余税后利润，按照股东的持股比例分配。

第十六条　公司因故解散或破产清算时，依照《公司法》和相关法律法规的规定进行清算。

第六章　通知与公告办法

第十七条　公司股东大会、董事会和监事会的会议通知，以及公司的重要事项公告，应当采用书面形式，通过邮件、电子邮件或其他有效方式送达给股东、董事、监事和高级管理人员。

第十八条　公司应在法定信息披露媒体上公告股东大会的决议、董事会决议和监事会决议，以及其他需要公告的重要事项。

第七章　其他规定事项

第十九条　公司应建立规范的财务管理制度和内控制度，确保公司财务信息的真实、准确、完整。

第二十条　公司应依法建立劳动保障制度，保障员工的合法权益。

第二十一条　公司可以根据实际需要，制定其他内部管理规章制度。

第八章　附则

第二十二条　本章程自公司股东大会通过之日起生效。

第二十三条　本章程的修改，须经公司股东大会以特别决议方式通过。

第二十四条　本章程的解释权归公司董事会所有。

第二十五条　本章程未尽事宜，按照《中华人民共和国公司法》和其他有关法律、行政法规的规定执行。

[公司盖章]

[法定代表人签字]

[日期]

五、股份有限公司注册资本

（1）股份有限公司的注册资本为在公司登记机关登记的已发行股份的股本总额。在发起人认购的股份缴足前，不得向他人募集股份。法律、行政法规以及国务院决定对股份有限公司注册资本最低限额另有规定的，从其规定。

（2）以发起设立方式设立股份有限公司的，发起人应当认足公司章程规定的公司设立时应发行的股份。

（3）以募集设立方式设立股份有限公司的，发起人认购的股份不得少于公司章程规定的公司设立时应发行股份总数的百分之三十五；但是，法律、行政法规另有规定的，从其规定。

（4）发起人应当在公司成立前按照其认购的股份全额缴纳股款。

（5）发起人的出资，适用公司法第四十八条、第四十九条第二款关于有限责任公司股东出资的规定。

（6）发起人不按照其认购的股份缴纳股款，或者作为出资的非货币财产的实际价额显著低于所认购的股份的，其他发起人与该发起人在出资不足的范围内承担连带责任。

（7）发起人向社会公开募集股份，应当公告招股说明书，并制作认股书。由认股人填写认购的股份数、金额、住所，并签名或者盖章。认股人应当按照所认购股份足额缴纳股款。

（8）向社会公开募集股份的股款缴足后，应当经依法设立的验资机构验资并出具证明。

六、股份有限公司股东名册

股份有限公司应当制作股东名册并置备于公司。股东名册应当记载下列事项。

（1）股东的姓名或者名称及住所。

（2）各股东所认购的股份种类及股份数。

（3）发行纸面形式的股票的，股票的编号。

（4）各股东取得股份的日期。

第一，股东名册是公司查询股东状况的重要依据和公司开展正常活动的基础，记载股东"认缴""实缴""出资方式""出资日期"等事项有利于公司债权人、投资者了解公司资产情况，以此决定是否对公司进行投资、交易或参与监督管理等；第二，股东是公司存续的基础，股东名册记载"取得和丧失股东资格的日期"可以有效形成公司股东结构的演变历程以及股东状况的好坏，也可在一定程度上直接或间接反映公司的经营等情况。

七、股份有限公司成立大会

公司成立大会行使下列职权。

（1）审议发起人关于公司筹办情况的报告。

（2）通过公司章程。

（3）选举董事、监事。

（4）对公司的设立费用进行审核。

（5）对发起人非货币财产出资的作价进行审核。

（6）发生不可抗力或者经营条件发生重大变化直接影响公司设立的，可做作出不设立公司的决议。

成立大会对前款所列事项做出决议，应当经出席会议的认股人所持表决权过半数通过。

《公司法》第一百零五条："公司设立时应发行的股份未募足，或者发行股份的股款缴足后，发起人在三十日内未召开成立大会的，认股人可以按照所缴股款并加算银行同期存款利息，要求发起人返还。发起人、认股人缴纳股款或者交付非货币财产出资后，除未按期募足股份、发起人未按期召开成立大会或者成立大会决议不设立公司的情形外，不得抽回其股本。"

第一百零六条："董事会应当授权代表，于公司成立大会结束后三十日内向公司登记机关申请设立登记。"

第一百零八条："有限责任公司变更为股份有限公司时，折合的实收股本总额不得高于公司净资产额。有限责任公司变更为股份有限公司，为增加注册资本公开发行股份时，应当依法办理。"

八、股份有限公司股东查阅权

第一百零九条："股份有限公司应当将公司章程、股东名册、股东会会议记录、董事会会议记录、监事会会议记录、财务会计报告、债券持有人名册置备于本公司。"

股东名册作为静态把握股东信息的资料，记载有关股东及其股权状况的信息。而会计凭证作为记录经济业务发生或者完成情况的书面证明，直接反映企业动态的经济业务。

第一百一十条："股东有权查阅、复制公司章程、股东名册、股东会会议记录、董事会会议决议、监事会会议决议、财务会计报告，对公司的经营提出建议或者质询。连续一百八十日以上单独或者合计持有公司百分之三以上股份的股东要求查阅公司的会计账簿、会计凭证的，适用公司法第五十七条第二款、第三款、第四款的规定。公司章程对持股比例有较低规定的，从其规定。股东要求查阅、复制公司全资子公司相关材料的，适用前两款的规定。上市公司股东查阅、复制相关材料的，应当遵守《中华人民共和国证券法》等法律、行政法规的规定。"

其一，对查阅公司会计账簿、会计凭证的股东的资格进行限制，要求连续一百八十日以上单独或者合计持有公司百分之三以上股份，在一定程度上提高了股份有限公司股东行权的门槛以防止权利滥用，避免阻碍到公司的正常运营。但同时，授权公司可以通过章程对前述比例另行调整。

其二，以引致条款的形式再次确认了股份有限公司股东知情权行使的前置程序及保密要求，与有限责任公司的规定保持一致。

其三，在查阅权的基础上，增加了股份有限公司股东对公司章程等文件的复制权，此规定对少数股东的保护更为全面有效。

其四，新增了母公司股东对于全资子公司的相关材料的查阅、复制权，明确其仍应受到相应条件的限制。

其五，着重强调了上市公司股东行权需要同时遵循《中华人民共和国证券法》等规范性文件的规定。

任务二　股份有限公司股东会

一、股东会的性质及其组成

股东会为股份有限公司必须设立的机关，是公司的权力机构。股份有限公司股东会由全体股东组成。

根据《公司法》第一百一十一条规定：只有一个股东的股份有限公司，不设股东会。

二、股东会的职权

股东会的职权主要有两类。

其一，审议批准事项。如审议批准董事会的报告；审议批准监事会的报告；审议批准公司的年度财务预算方案、决算方案；审议批准公司的利润分配方案和弥补亏损方案等。

其二，决定、决议事项。如决定公司的经营方针和投资计划；选举和更换董事，决定有关董事的报酬事项；选举和更换由股东代表出任的监事，决定有关监事的报酬事项；对公司增加或减少注册资本做出决议；对发行公司债券做出决议；对公司合并、分立、解散和清算等事项做出决议；修改公司章程；等等。

公司法关于有限责任公司股东会职权的规定适用于股份有限公司的股东会。

三、股东会的召开

股东会分为年会和临时会议两种。年会应当每年召开一次，通常在每个会计年度终了后六个月内召开。

股东会应当每年召开一次年会。有下列情形之一的，应当在两个月内召开临时股东会会议。

（一）董事人数不足公司法规定人数或者公司章程所定人数的三分之二时。

（二）公司未弥补的亏损达股本总额三分之一时。

（三）单独或者合计持有公司百分之十以上股份的股东请求时。

（四）董事会认为必要时。

（五）监事会提议召开时。

（六）公司章程规定的其他情形。

（1）股东会会议由董事会召集，董事长主持；董事长不能履行职务或者不履行职务的，由副董事长主持；副董事长不能履行职务或者不履行职务的，由过半数的董事共同推举一名董事主持。

（2）董事会不能履行或者不履行召集股东会会议职责的，监事会应当及时召集和主持；监事会不召集和主持的，连续九十日以上单独或者合计持有公司百分之十以上股份的股东可以自行召集和主持。

（3）单独或者合计持有公司百分之十以上股份的股东请求召开临时股东会会议的，董事会、监事会应当在收到请求之日起十日内做出是否召开临时股东会会议的决定，并书面答复股东。

（4）召开股东会会议，应当将会议召开的时间、地点和审议的事项于会议召开二十日前通知各股东；临时股东会会议应当于会议召开十五日前通知各股东。

（5）单独或者合计持有公司百分之一以上股份的股东，可以在股东会会议召开十日前提出临时提案并书面提交董事会。临时提案应当有明确议题和具体决议事项。董事会应当在收到提案后二日内通知其他股东，并将该临时提案提交股东会审议；但临时提案违反法律、行政法规或者公司章程的规定，或者不属于股东会职权范围的除外。公司不得提高提出临时提案股东的持股比例。

（6）公开发行股份的公司，应当以公告方式做出通知。

（7）股东会不得对通知中未列明的事项做出决议。

（8）股东委托代理人出席股东会会议的，应当明确代理人代理的事项、权限和期限；代理人应当向公司提交股东授权委托书，并在授权范围内行使表决权。

（9）股东会应当对所议事项的决定做成会议记录，主持人、出席会议的董事应当在会议记录上签名。会议记录应当与出席股东的签名册及代理出席的委托书一并保存。

四、股东会的决议

股东出席股东会会议，所持每一股份有一表决权。但是公司持有的本公司的股份没有表决权。

（一）股份多数决定原则

股东会的决议实行股份多数决定的原则。所谓股份多数决定原则，是指股东大会依持有多数股份的股东的意志做出决议。股东大会决议实行股份多数表决原则，必须具备两个条件：一是要有代表股份多数的股东出席；二是要有出席会议的股东所持表决权的多数通过。股东大会做出决议，必须经出席会议的股东所持表决权过半数通过，但是股东大会做出修改公司章程、增加或者减少注册资本的决议以及公司合并、分立、解散或者变更公司形式的决议，必须经出席会议的股东所持表决权的三分之二通过。公司转让、受让重大资产或者对外提供担保等事项必须经股东会做出决议的，董事会应当及时召集股东会会议，由股东会就上述事项进行表决。股东大会应当对所议事项的决定做成会议记录，主持人、出席会议的董事应当在会议记录上签名。会议记录应当与出席股东的签名册及代理出席的委托书一并保存，供股东查阅。

股东会必须按照法定的召集方法召集，并依照法定的决议方法通过内容不违法的决议。具备该条件的决议，才具有法律效力。如果股东会的决议违法，股东有权通过诉讼途径请求法院宣告决议无效或撤销决议。

（二）累积投票制

《公司法》第一百一十七条："股东会选举董事、监事，可以按照公司章程的规定或者股东会的决议，实行累积投票制。公司法所称累积投票制，是指股东会选举董事或者监事时，每一股份拥有与应选董事或者监事人数相同的表决权，股东拥有的表决权可以集中使用。"

所谓累积投票权，是指股东大会选举两名以上的董事或监事时，股东所持的每一股份拥有与当选董事或监事总人数相等的投票权，股东既可以用所有的投票权集中投票选举某一人，也可以分散投票选举数人，按得票多少依次决定董事入选的表决权制度。由此可见，累积投票权是股份有限公司的股东大会在投票表决一些重要事项时，如选举董事或监事时，给予全体股东的一种与表决公司的其他一般事项所不同的特别表决权，这种表决权的特别之处主要表现在两点：第一，表决权的数额。在实行累积投票时，股东的表决权票数是按照股东所持有的股票数与所选举的董事或监事人数的乘积计算，而不是直接按照股东所持有的股票数计算。简单地说，股东的表决权票数等于股东所持有的股票数乘所选举的董事或监事人数。例如，某公司要选 5 名董事，公司股份共 1000 股，股东共 10 人，其中 1 名大股东持有 510 股，即拥有公司 51%股份，其余 9 名股东共计持有 490 股，合计拥有公司 49%的股份。若按直接投票制度，每一股有一个表决权，则控股 51%的大股东就能够使自己推选的 5 名董事全部当选，其他股东无法表达自己的意志。但若采取累积投票制，表决权的总数就成为 1000×5＝5000 票，控股股东总计拥有的票数为 2550 票，其他 9 名股东合计拥有 2450 票。根据累积投票制。第二，表决权的使用。股东拥有的表决权可以集中使用，即可以集中投票给一个或几个董事候选人，并按所得同意票数多少的排序确定当选董事，因此从理论上来说，其他股东至少可以使自己的 2 名董事当选，而控股比例超过半数的股东也最多只能选上 3 名自己的董事。累积投票权制度的意义在于限制大股东或控股股东对董事、监事选举过程的控制与操纵，有利于保护中小股东的利益。需予注意的是，我国公司法规定的累积投票权是任意性的，而非强制性的，即公司可以采用累积投票权制度，也可以不采用该制度，是否采用由公司章程作出规定或由股东大会作出决议。

任务三　股份有限公司董事会、经理

一、董事会的性质及其组成

董事会是股份有限公司设置的业务执行和经营意思决定机构，对股东会负责。

《公司法》第一百二十八条规定，规模较小或者股东人数较少的股份有限公司，可以不设董事会，设一名董事，行使的董事会的职权。该董事可以兼任公司经理。

（1）董事会由全体董事组成。董事的产生有两种情况：在公司设立时，采取发起方式设立的公司，董事由发起人选举产生；采取募集方式设立的公司，董事由创立大会选举产生。在公司成立后，董事由股东大会选举产生。

（2）董事会成员为三人以上，其成员中可以有公司职工代表。职工人数三百人以上的有限责任公司，除依法设监事会并有公司职工代表的外，其董事会成员中应当有公司职工代表。董事会中的职工代表由公司职工通过职工代表大会、职工大会或者其他形式民主选举产生。

（3）董事会设董事长一人，可以设副董事长。董事长和副董事长由董事会以全体董事的过半数选举产生。董事长召集和主持董事会会议，检查董事会决议的实施情况。副董事长协助董事长工作，董事长不能履行职务或者不履行职务的，由副董事长履行职务；副董事长不能履行职务或者不履行职务的，由过半数的董事共同推举一名董事履行职务。

（4）董事任期由公司章程规定，但每届任期不得超过三年。董事任期届满，连选可以连任。

（5）董事任期届满未及时改选，或者董事在任期内辞任导致董事会成员低于法定人数的，在改选出的董事就任前，原董事仍应当依照法律、行政法规和公司章程的规定，履行董事职务。

（6）董事辞任的，应当以书面形式通知公司，公司收到通知之日辞任生效，但存在前款规定情形的，董事应当继续履行职务。

（7）股东会可以决议解任董事，决议做出之日解任生效。无正当理由，在任期届满前解任董事的，该董事可以要求公司予以赔偿。

二、董事会的职权

股份有限公司董事会的职权适用公司法关于有限责任公司董事会的职权的规定。董事会行使下列职权。

（1）召集股东会会议，并向股东会报告工作。

（2）执行股东会的决议。

（3）决定公司的经营计划和投资方案。

（4）制订公司的利润分配方案和弥补亏损方案。

（5）制订公司增加或者减少注册资本以及发行公司债券的方案。

（6）制订公司合并、分立、解散或者变更公司形式的方案。

（7）决定公司内部管理机构的设置。

（8）决定聘任或者解聘公司经理及其报酬事项，并根据经理的提名决定聘任或者解聘公司副经理、财务负责人及其报酬事项。

（9）制定公司的基本管理制度。

（10）公司章程规定或者股东会授予的其他职权。

公司章程对董事会职权的限制不得对抗善意相对人。

三、董事会会议的召开

股份有限公司的董事会会议分为定期会议和临时会议两种。

（1）董事会每年度至少召开两次会议，每次会议应当于会议召开十日前通知全体董事和监事。

（2）代表十分之一以上表决权的股东、三分之一以上董事或者监事会，可以提议召开临时董事会会议。董事长应当自接到提议后十日内，召集和主持董事会会议。

（3）董事会召开临时会议，可以另定召集董事会的通知方式和通知时限。

（4）董事会会议应当有过半数的董事出席方可举行。董事会做出决议，应当经全体董事的过半数通过。

（5）董事会决议的表决，应当一人一票。

（6）董事会应当对所议事项的决定做成会议记录，出席会议的董事应当在会议记录上签名。

（7）董事会会议，应当由董事本人出席；董事因故不能出席，可以书面委托其他董事代为出席，委托书应当载明授权范围。

（8）董事应当对董事会的决议承担责任。董事会的决议违反法律、行政法规或者公司章程、股东会决议，给公司造成严重损失的，参与决议的董事对公司负赔偿责任；经证明在表决时曾表明异议并记载于会议记录的，该董事可以免除责任。

（9）董事会定期会议，每年度至少召开二次会议，每次应于会议召开 10 日以前通知全体董事和监事；董事会召开临时会议，其会议通知方式和通知时限，可由公司章程做出规定。董事会会议由董事长负责召集。董事长不能履行职务或者不履行职务的，由副董事长履行职务；副董事长不能履行职务或者不履行职务的，由半数以上董事共同推举一名董事履行职务。

四、审计委员会

股份有限公司的审计委员会是一个重要的公司治理结构，主要由非执行董事组成，负责监督公司的财务、会计和内部控制等方面的工作。其主要职责包括但不限于提议聘请或更换外部审计机构，监督公司的内部审计制度及其实施，审核公司的财务信息及其披露，审查公司的内控制度，负责内部审计与外部审计之间的沟通等。审计委员会的主要目标是提升公司财务报告的透明度和准确性，促进公司内部控制机制的完善和优化，有效防范公司财务风险和诈骗等违法行为，维护股东的利益和公司价值的稳健增长。

在人员构成方面，审计委员会的成员大多数应该是独立的非执行董事，他们不应该在公司的管理层中担任其他职务，以确保审计委员会的独立性和客观性。同时，审计委员会成员应该具备财务和会计方面的专业知识，以便能够理解公司的财务报表和审计报告，并对其提出专业的意见和建议。在某些情况下，审计委员会的成员也可能包括公司内部的某些高级管理人员，如首席财务官或内部审计部门的负责人等。

审计委员会主席负责审计委员会会议议程的准备工作，与首席财务官、内审主管和外部审计师制定出详细的议题和时间安排，准备好相关资料，事先发送给所有审计委员会成员。审计委员会会议议题和议程不能由管理层单方面确定。每一次会议都要详细记录与会人员名单，对于不能与会的成员，应该要求其辞职，或者由委员会解聘。审计委员会在股份有限公司中发挥着不可或缺的作用，通过其专业的财务和审计知识，确保公司的财务报告真实可靠，内部控制机制健全有效，从而维护公司的长期稳健发展。

2023年颁布的《上市公司独立董事管理办法》第二十六条第一款规定：上市公司董事会审计委员会负责审核公司财务信息及其披露、监督及评估内外部审计工作和内部控制，下列事项应当经审计委员会全体成员过半数同意后，提交董事会审议。

（1）披露财务会计报告及定期报告中的财务信息、内部控制评价报告。

（2）聘用或者解聘承办上市公司审计业务的会计师事务所。

（3）聘任或者解聘上市公司财务负责人。

（4）因会计准则变更以外的原因做出会计政策、会计估计变更或者重大会计差错更正。

（5）法律、行政法规、中国证监会规定和公司章程规定的其他事项。

审计委员会作为公司治理财务层面沟通、监督、核查内外部审计的重要机构，也是引导证券市场健康发展的重要角色，其涉及审计、财务等相关事项需要明确和规范化。①股份有限公司可以按照公司章程的规定在董事会中设置由董事组成的审计委员会，行使监事会的职权，不设监事会或者监事；②审计委员会成员为三名以上，过半数成员不得在公司担任除董事以外的其他职务，且不得与公司存在任何可能影响其独立客观判断的关系。公司董事会成员中的职工代表可以成为审计委员会成员；③审计委员会做出决议，应当经审计委员会成员的过半数通过；④审计委员会决议的表决，应当一人一票；⑤审计委员会的议事方式和表决程序，除公司法有规定的外，由公司章程规定；⑥公司可以按照公司章程的规定在董事会中设置其他委员会。

由审计委员会行使监事会职权，意在加强公司的财务监督机制。同时明确允许职工董事也可以成为审计委员会委员，完善了职工董事制度，加强了职工董事的职能和地位。

我国近年来发生的公司财务纠纷中，不乏出现因财务监管不力，公司财产损失无法及时发现与追回。在董事会中设置由董事组成的审计委员会，也有利于董事对公司财务的实际监督，进一步避免部分大股东利用控制地位转移公司财产，对公司与小股东造成损失。

五、经理

经理是对股份有限公司日常经营管理负有全责的高级管理人员，由董事会聘任或解聘，对董事会负责。根据公司章程的规定或者董事会的授权行使职权。经理列席董事会会议。

（1）公司董事会可以决定由董事会成员兼任经理。

（2）规模较小或者股东人数较少的股份有限公司，可以不设董事会，设一名董事，该董事可以兼任公司经理。

（3）公司应当定期向股东披露董事、监事、高级管理人员从公司获得报酬的情况。

在股份有限公司中，经理是一个具有关键职责和权力的职位。经理是对内有业务管理权限、对外有商业代理权限的人，其职能作用是辅助董事会等法定业务执行机关执行公司具体业务，即具体实施董事会的决议。经理的具体职责包括但不限于以下方面。

（1）主持公司的日常生产经营管理，组织实施董事会决议，并将实施情况向董事会报告。

（2）组织实施公司年度经营计划和投资方案。

（3）拟订公司内部管理机构设置方案。

（4）拟定公司的基本管理制度。

（5）制定公司的具体规章。

（6）提请聘任或者解聘公司副经理、财务负责人。

（7）聘任或者解聘除应由董事会聘任或者解聘以外的负责管理人员。

（8）依有关规章制度决定对公司职工的奖惩、升级、加薪及辞退。

（9）在职责范围内，对外代表公司处理业务。

股份有限公司的经理可以是股东，也可以不是股东，可以是专职的，也可以由董事长或副董事长兼任。但是，不论是否为本公司股东，经理都须参加董事会的会议。此外，经理的职权还会受到公司章程、董事会决议以及相关法律法规的约束和规定。因此，股份有限公司的经理在行使职权时，必须遵守公司的规章制度，遵循董事会的决策，并确保公司的经营活动合法合规。总的来说，股份有限公司的经理在公司中扮演着重要的角色，他们的职责和权力体现了公司在业务管理和商业运营方面的需求。

任务四　股份有限公司监事会

一、监事会的性质及其组成

监事会是股份有限公司设置的监察机构，对公司的财务及业务执行情况进行监督。

（1）股份有限公司可以按照公司章程的规定在董事会中设置由董事组成的审计委员

会，行使监事会的职权，不设监事会或者监事。

（2）规模较小或者股东人数较少的股份有限公司，可以不设监事会，设一名监事，行使的监事会的职权。

（3）监事会成员为三人以上。监事会成员应当包括股东代表和适当比例的公司职工代表，其中职工代表的比例不得低于三分之一，具体比例由公司章程规定。监事会中的职工代表由公司职工通过职工代表大会、职工大会或者其他形式民主选举产生。

（4）监事会设主席一人，可以设副主席。监事会主席和副主席由全体监事过半数选举产生。监事会主席召集和主持监事会会议；监事会主席不能履行职务或者不履行职务的，由监事会副主席召集和主持监事会会议；监事会副主席不能履行职务或者不履行职务的，由过半数的监事共同推举一名监事召集和主持监事会会议。

（5）董事、高级管理人员不得兼任监事。

（6）监事的任期每届为三年。监事任期届满，连选可以连任。

（7）监事会行使职权所必需的费用，由公司承担。

二、监事会的会议

（1）监事会每六个月至少召开一次会议。监事可以提议召开临时监事会会议。

（2）监事会的议事方式和表决程序，除公司法有规定的外，由公司章程规定。

（3）监事会决议应当经全体监事的过半数通过。

（4）监事会决议的表决，应当一人一票。

（5）监事会应当对所议事项的决定做成会议记录，出席会议的监事应当在会议记录上签名。

任务五　上市公司组织机构的特别规定

上市公司，是指其股票在证券交易所上市交易的股份有限公司。上市公司在一年内购买、出售重大资产或者向他人提供担保的金额超过公司资产总额百分之三十的，应当由股东会做出决议，并经出席会议的股东所持表决权的三分之二以上通过。

一、独立董事

《公司法》第一百三十六条："上市公司设独立董事，具体管理办法由国务院证券监督管理机构规定。"

（一）独立董事的概念

上市公司独立董事是指不在公司担任除董事外的其他职务，并与其所受聘的上市公司及其主要股东不存在可能妨碍其进行独立客观判断的关系的董事。独立董事对上市公司及全体股东负有诚信与勤勉义务。独立董事应当按照相关法律法规、本指导意见和公司章程的要求，认真履行职责，维护公司整体利益，尤其要关注中小股东的合法权益不受损害。独立董事独立履行职责，不受上市公司主要股东、实际控制人或者其他与上市公司存在利害关系的单位或个人的影响。独立董事原则上最多在 5 家上市公司兼任独立董事，并确保有足够的时间和精力有效地履行独立董事的职责。上市公司董事会成员中应当至少包括 1/3 的独立董事，其中至少包括一名会计专业人士（会计专业人士是指具有高级职称或注册会计师资格的人士）。

（二）独立董事应当具备与其行使职权相适应的任职条件

（1）根据法律、行政法规及其他有关规定，具备担任上市公司董事的资格。

（2）具有独立性。

（3）具备上市公司运作的基本知识，熟悉相关法律、行政法规、规章及规则。

（4）具有五年以上法律、经济或者其他履行独立董事职责所必需的工作经验。

（5）公司章程规定的其他条件。

（三）独立董事任职资格的限制

下列人员不得担任独立董事。

（1）在上市公司或者其附属企业任职的人员及其直系亲属、主要社会关系（直系亲属是指配偶、父母、子女等；主要社会关系是指兄弟姐妹、岳父母、儿媳女婿、兄弟姐妹的配偶、配偶的兄弟姐妹等）。

（2）直接或间接持有上市公司已发行股份 1% 以上或者是上市公司前 10 名股东中的自然人股东及其直系亲属。

（3）在直接或间接持有上市公司已发行股份 5% 以上的股东单位或者在上市公司前 5 名股东单位任职的人员及其直系亲属。

（4）最近一年内曾经具有前三项所列举情形的人员。

（5）为上市公司或者其附属企业提供财务、法律、咨询等服务的人员。

（6）公司章程规定的其他人员。

（7）中国证监会认定的其他人员。

（四）独立董事的任期

独立董事每届任期与该上市公司其他董事任期相同，任期届满，连选可以连任，但是连任时间不得超过 6 年。独立董事连续 3 年未出席董事会会议的，由董事会提请股东大会予以撤换。

（五）独立董事的特别职权

独立董事除行使公司董事的一般职权外，还被赋予以下特别职权：

（1）重大关联交易（指上市公司拟与关联人达成的总额高于300万元或高于上市公司最近经审计净资产值的5%的关联交易）应由独立董事认可后，提交董事会讨论；独立董事做出判断前，可以聘请中介机构出具独立财务顾问报告，作为其判断的依据。

（2）向董事会提议聘用或解聘会计师事务所。

（3）向董事会提请召开临时股东大会。

（4）提议召开董事会。

（5）独立聘请外部审计机构和咨询机构。

（6）可以在股东大会召开前公开向股东征集投票权。

独立董事除履行上述职责外，还应当对以下事项向董事会或股东大会发表独立意见：

（1）提名、任免董事。

（2）聘任或解聘高级管理人员。

（3）公司董事、高级管理人员的薪酬。

（4）上市公司的股东、实际控制人及其关联企业对上市公司现有或新发生的总额高于300万元或高于上市公司最近经审计净资产值的5%的借款或其他资金往来，以及公司是否采取有效措施回收欠款。

（5）独立董事认为可能损害中小股东权益的事项。

（6）公司章程规定的其他事项。

（7）独立董事应当就上述事项发表以下几类意见之一——同意；保留意见及其理由；反对意见及其理由；无法发表意见及其障碍。如有关事项属于需要披露的事项，上市公司应当将独立董事的意见予以公告，独立董事出现意见分歧无法达成一致时，董事会应将各独立董事的意见分别披露。

二、上市公司的公司章程

上市公司章程是上市公司的重要法规文件，详细规定了公司的基本信息、发起人及股权结构、组织架构与职权、经营及设立方式、资本与股份结构、利润分配与清算、解散事由与办法以及其他规定事项，为公司的运营和管理提供了基本遵循。

上市公司的公司章程除载明公司法第九十五条规定的事项外，还应当依照法律、行政法规的规定载明董事会专门委员会的组成、职权以及董事、监事、高级管理人员薪酬考核机制等事项。

三、审计委员会

审计委员会是上市公司治理结构中的重要组成部分，旨在加强公司内部控制、监督审计工作，保护股东权益，提高公司财务信息透明度和质量。审计委员会通常直接向董事会报告，以确保其工作的独立性和有效性。

上市公司在董事会中设置审计委员会的，董事会对下列事项做出决议前应当经审计委员会全体成员过半数通过。

（一）聘用、解聘承办公司审计业务的会计师事务所；

（二）聘任、解聘财务负责人；

（三）披露财务会计报告；

（四）国务院证券监督管理机构规定的其他事项。

1. 成员构成与要求

审计委员会的成员通常由具备财务、会计、审计等相关专业背景和丰富经验的董事组成，其中独立董事应占多数。成员要求具备独立性、专业性和勤勉性，能够客观、公正地履行职责，保障审计委员会工作的质量。

2. 监督审计工作

审计委员会的主要职责之一是监督公司的审计工作，包括与外部审计机构的沟通和协调，审查审计报告和意见，确保审计工作的全面、公正和及时。同时，审计委员会还须关注审计过程中发现的问题，推动公司改进内部控制，防范风险。

3. 评价内部控制

审计委员会应定期评估公司的内部控制体系，确保其有效性和合规性。通过审查内部控制报告、测试内部控制的有效性，审计委员会可以及时发现潜在问题并提出改进建议，从而保障公司的稳健运营。

4. 检查政府关系

审计委员会应关注公司与政府之间的关系，包括公司遵守政府法规、政策的情况。通过审查公司的政府关系活动，审计委员会可以确保公司合法合规经营，避免潜在的法律风险。

5. 评估审计程序

审计委员会应定期评估审计程序的有效性和适当性，确保其符合相关法律法规和会计准则的要求。通过优化审计程序，提高审计效率和质量，审计委员会可以为公司的健康发展提供有力保障。

6. 提供支持服务

审计委员会在履行职责过程中，还须向董事会和其他利益相关者提供必要的支持服务。例如就审计和内部控制问题提供咨询、解答疑问，协助董事会进行重大决策等。这些支持服务有助于提升公司治理水平，维护公司声誉和股东权益。

7. 委员会运作与变更

审计委员会应遵循一定的运作规则和程序，确保工作的规范性和有效性。同时，随着公司业务发展、法律法规变化以及内部环境的变化，审计委员会应及时调整成员构成、优化工作机制，以适应新形势下的审计工作需要。

此外，审计委员会成员的变更应遵循相关法规和公司内部规定，确保新任成员具备履行职责所需的能力和素质。在成员变更过程中，审计委员会应保持工作的连续性和稳定性，避免因人员变动而影响审计工作的正常进行。

四、董事会秘书

上市公司设董事会秘书，负责公司股东会和董事会会议的筹备、文件保管以及公司股东资料的管理，办理信息披露事务等事宜。

上市公司董事会秘书（简称"董秘"）是公司的高级管理人员，由董事会聘任并对董事会负责，是上市公司与证券交易所之间的指定联络人。其主要的职责涵盖了公司内部和外部治理的多个方面，体现了其在上市公司中的关键地位。

在职责上，董秘的主要工作包括负责公司股东大会和董事会会议的筹备、文件保管；负责办理信息披露事务，确保信息披露的及时、准确、合法、真实和完整；负责股东资料的管理；协助董事会行使职权，并在董事会决议违反法律、法规、公司章程等有关规定时，及时提出异议；同时，还要处理公司与证管部门及投资人之间的有关事宜以及承担公司章程和证券交易所上市规则所规定的其他职责。

从权利和义务的角度看，董秘享有公司高级管理人员的权利和法律地位，包括出席股东大会和董事会、列席监事会等。同时，董秘也必须履行法定义务，尤其是诚信和勤勉义务，确保公司的规范化运作，保护投资者的合法权益。

在选任程序上，董秘的提名须经董事长提出，由董事会决定并须股东大会确认。选任完成后，上市公司还须对外披露公告董秘人选，并向上级监管部门进行备案核查。若董秘在任职期间因各种原因不再适合继续履职，董事会可以终止其聘任，并向社会公众披露。

总的来说，上市公司董事会秘书是公司治理结构中的重要一环，其职责繁重且关键，需要具备专业知识和高度的责任感。通过其工作，可以确保公司的规范运作，维护投资者的权益，促进公司的健康发展。

五、关联关系的特别规定

上市公司董事与董事会会议决议事项所涉及的企业或者个人有关联关系的，该董事应当及时向董事会书面报告。有关联关系的董事不得对该项决议行使表决权，也不得代理其他董事行使表决权。该董事会会议由过半数的无关联关系董事出席即可举行，董事会会议所做决议须经无关联关系董事过半数通过。出席董事会会议的无关联关系董事人数不足三人的，应当将该事项提交上市公司股东会审议。

六、依法披露义务

（1）上市公司应当依法披露投东、实际控制人的信息，相关信息应当真实、准确、完整。

（2）禁止违反法律、行政法规的规定代持上市公司股票。

（3）上市公司控股子公司不得取得该上市公司的股份。旨在规制上市公司经营管理层利用交叉持股架空公司股东权利导致内部绝对控制的行为，保障公司内外部的有效治理。

（4）上市公司控股子公司因公司合并、质权行使等原因持有上市公司股份的，不得行使所持股份对应的表决权，并应当及时处分相关上市公司股份。

此规定旨在规避实际控制人实施不当关联交易损害公司及债权人利益，破坏证券市场交易规范。中国证券监督管理委员会公布的《首次公开发行股票并上市管理办法》第十三条规定："发行人的股权清晰，控股股东和受控股股东、实际控制人支配的股东持有的发行人股份不存在重大权属纠纷。"第二十五条规定："发行人应完整披露关联方关系并按重要性原则恰当披露关联交易。关联交易价格公允，不存在通过关联交易操纵利润的情形。"

《上市公司信息披露管理办法》第二十七条规定："涉及上市公司的收购、合并、分立、发行股份、回购股份等行为导致上市公司股本总额、股东、实际控制人等发生重大变化的，信息披露义务人应当依法履行报告、公告义务，披露权益变动情况。"《证券法》第七十八条第二款规定："信息披露义务人披露的信息，应当真实、准确、完整，简明清晰，通俗易懂，不得有虚假记载、误导性陈述或者重大遗漏。"

习题精练

一、单项选择题

1. 设立股份有限公司，应当有（　　）为发起人，其中应当有半数以上的发起人在中华人民共和国境内有住所。

    A. 一人以上二百人以下   B. 二人以上二百人以下

    C. 一人以上一百人以下   D. 一人以上二百人以下

2. 以募集方式设立股份有限公司的，发起人认购的股份不得少于公司应发行股份总数的（　　）。

    A. 15%   B. 25%

    C. 35%   D. 45%

3. 只有（　　）股东的股份有限公司，不设股东会。

    A. 一个   B. 二个

    C. 三个   D. 四个

4. 股东会选举董事、监事，可以按照公司章程的规定或者股东会的决议，实行（　　）。

    A. 积累投票制   B. 累积投票制

    C. 积累分票制   D. 累积分票制

5. 董事任期由公司章程规定，但每届任期不得超过（　　）。

    A. 一年   B. 两年

    C. 三年   D. 四年

二、多项选择题

1. 股份有限公司的特征为（　　）。

    A. 公司的全部资本分为等额股份

    B. 公司的部分资本分为等额股份

    C. 股东负有限责任

    D. 股东负无限责任

    E. 开放性与社会性

2. 当（　　），应当在两个月内召开临时股东会会议。

    A. 董事人数不足本法规定人数或者公司章程所定人数的三分之二时

    B. 公司未弥补的亏损达股本总额三分之一时

    C. 单独或者合计持有公司百分之十以上股份的股东请求时

    D. 董事会认为必要时

    E. 监事会提议召开时

三、名词解释

    1. 股份有限公司

    2. 累积投票制

    3. 经理

    4. 上市公司

    5. 上市公司独立董事

四、简答题

    1. 股份有限公司成立大会的职权是什么？

    2. 股东会的职权？

项目六

股份有限公司的股份发行和转让

【知识目标】

1. 了解股份有限公司股份发行的基本规定，包括发行的条件、发行的方式（如公开发行、私募发行等）、发行的定价机制、发行对象等。

2. 掌握股份转让的基本流程，包括转让的双方协商、签订股权转让协议、过户登记等步骤。

3. 了解股份转让中的限制与例外规定，如公司法、证券法等法律法规对股份转让的限制，以及特定情况下的例外规定。

【能力目标】

1. 熟悉股份转让中股东权益保护的相关措施，包括股东优先购买权、股东大会审议程序、股权转让的限制性规定等。

2. 掌握股票转让过程中的时间节点、必要的文件准备。

3. 了解如何通过制度和法律手段来维护股东的合法权益。

【素质目标】

1. 引导学生或从业者认识到诚信是公司长久发展的基石，是维护股东和投资者权益的重要保障，从而在实际操作中自觉遵守诚信规范，避免欺诈、虚假陈述等行为。

2. 引导学生或从业者了解国际资本市场的运作规则和惯例，培养国际视野和跨文化沟通能力，提高公司在国际市场上的竞争力。

任务一　股份发行

一、股份的概念与分类

公司的资本划分为股份。股份是股份有限公司特有的概念，它是股份有限公司资本最基本的构成单位。

（1）公司的全部股份，根据公司章程的规定采用面额股或者无面额股。采用面额股的，每一股的金额相等。

（2）公司可以根据公司章程的规定将已发行的面额股全部转换为无面额股或者将无面额股全部转换为面额股。

（3）采用无面额股的，应当将发行股份所得股款的二分之一以上计入注册资本。

一是公司章程可以自行决定发行面额股还是无面额股；

二是公司章程可以决定面额股与无面额股的自由转换；

三是发行无面额股时应将所得的一半以上股款计入注册资本。

二、股份发行的原则

《公司法》第一百四十三条："股份的发行，实行公平、公正的原则，同类别的每一股份应当具有同等权利。同次发行的同类别股份，每股的发行条件和价格应当相同；认购人所认购的股份，每股应当支付相同价额。"

具体而言，股份有限公司发行股份时应当做到以下几个方面。

其一，当公司向社会公开募集股份时，应就有关股份发行的信息依法公开披露。其中，包括公告招股说明书，财务会计报告等。

其二，同次发行的股份，每股的发行条件和价格应当相同。任何单位或者个人所认购的股份，每股应当支付相同价额。

其三，发行的同种股份，股东所享有的权力和利益应当是相同的。

三、类别股

类别股有财产分配型类别股、表决权型类别股、限制转让型类别股以及国务院规定的其他类别股。

公司可以按照公司章程的规定发行下列与普通股权利不同的类别股：

（一）优先或者劣后分配利润或者剩余财产的股份；

（二）每一股的表决权数多于或者少于普通股的股份；

（三）转让须经公司同意等转让受限的股份；

（四）国务院规定的其他类别股。

公开发行股份的公司不得发行前款第二项、第三项规定的类别股；公开发行前已发行的除外。

公司发行本条第一款第二项规定的类别股的，对于监事或者审计委员会成员的选举和更换，类别股与普通股每一股的表决权数相同。

发行类别股的公司，应当在公司章程中载明以下事项：

（一）类别股分配利润或者剩余财产的顺序；

（二）类别股的表决权数；

（三）类别股的转让限制；

（四）保护中小股东权益的措施；

（五）股东会认为需要规定的其他事项。

发行类别股的公司，可能影响类别股股东权利的，除应当经出席会议的股东所持表决权的三分之二以上通过外，还应当经出席类别股股东会议的股东所持表决权的三分之二以上通过。

公司章程可以对须经类别股股东会议决议的其他事项做出规定。

四、股票的概念、特征

（1）公司的股份采取股票的形式。股票是公司签发的证明股东所持股份的凭证。

（2）公司发行的股票，应当为记名股票。

（3）面额股股票的发行价格可以按票面金额，也可以超过票面金额，但不得低于票面金额。

（4）股票采用纸面形式或者国务院证券监督管理机构规定的其他形式。

股票采用纸面形式的，应当载明下列主要事项：①公司名称；②公司成立日期或者股票发行的时间；③股票种类、票面金额及代表的股份数，发行无面额股的，股票代表的股份数。

（5）股票采用纸面形式的，还应当载明股票的编号，由法定代表人签名，公司盖章。

（6）发起人股票采用纸面形式的，应当标明发起人股票字样。

（7）股份有限公司成立后，即向股东正式交付股票。公司成立前不得向股东交付股票。

五、股票的种类

（一）普通股和优先股

（1）普通股股东有权在公司提取完毕公积金、公益金以及支付了优先股股利后，参与公司的盈余分配，其股利不固定。公司终止清算时，普通股股东在优先股股东之后取得公司剩余财产。普通股股东有出席或委托代理人出席股东大会并行使表决权的权利。

（2）优先股股东在公司盈余或剩余财产的分配上享有比普通股股东优先的权利，如优先股的胜利率事先约定，优先股先于普通股分配红利。公司终止清算时，优先股先于普通股收回投资，但优先股股东没有表决权。

我国公司法未规定股份公司是否可以发行普通股与优先股，理论上言，公司法未做禁止性规定，即可认为公司可以发行普通股与优先股。当然，同次发行的同种类股票，每股的发行条件应当相同，同种类的每一股份应当具有同等权利。

（二）表决权股、限制表决权股和无表决权股

1. 表决权股

持有表决权股的股东享有表决权。表决权股又可分为两类：普通表决权股，即一股拥有一票表决权；多数表决权股，即该股东享有超过其拥有股份数的表决权，持有多数表决权股的股东为特定股东，一般都是公司的董事或监事。通常各国公司法对发行多数表决权股限制较为严格；特别表决权股，即只对公司的某些特定事项享有表决权。

2. 限制表决权股

持有该种股份的股东，其表决权受到公司章程的限制。通常应在公司章程中载明限制表决权股，而且不得对个别股东分别实行。

3. 无表决权股

持有该种股份的股东，不享有表决权。通常，对无表决权的股份，必须给予其利益分配的优先权，即以盈余分配方面的优先作为无表决权的补偿。

我国公司法同样没有规定公司是否可以发行表决权股、限制表决权股和无表决权股，理论上认为应当可以发行。

（三）记名股和无记名股

1. 记名股

这是指将股东姓名记载于股票之上的股份。记名股不仅要求在股票上记载股东姓名，而且要求记载于公司的股东名册上。记名股的股东权利并不完全依附于股票。记名股转让时，应作记名背书，并在移交股票后，变更公司股东名册上之记载。

2. 无记名股

这是指发行的不将股东姓名记载于股票之上的股份。这种股份的股东权利完全依附于股票，凡持票人均可主张其股东权利。无记名股在转让时，只需在合法场所交付于受让人，即可发生股权转移的效力。无记名股票通常是向自然人股东发行的股票。

公司发行的股票可以为记名股票，也可以为无记名股票。所以，记名股票和无记名股票都是可以发行的。但公司向发起人、法人发行的股票，应当为记名股票，并应当记载该发起人、法人的名称或者姓名，不得另立户名或者以代表人姓名记名。

（四）额面股和无额面股

（1）额面股，又称面值股，是指股票票面标明一定金额的股份。

（2）无额面股，又称比例股，是指股票不标明金额，只标明每股占公司资本的比例。我国公司法将票面金额作为股票上应当记载的主要事项，故可以推知，我国实际上是禁止发行无额面股。

（五）国家股、法人股、个人股和外资股

1. 国家股

这是指由国家授权投资的机构或者国家授权的部门，以国有资产向公司投资形成的股份。其中，包括将国有企业改组为股份有限公司时，已经投入企业的国家资产折成的股份。国家股一般应为普通股，由国家授权的投资机构或国家授权的部门持有，并委派股权代表。

2. 法人股

这是指由一具有法人资格的组织以其可支配的财产向公司投资形成的股份。根据投资法人的种类不同，法人股又分为企业法人股，事业单位法人股和社会团体法人股三种。

3. 个人股

这是指以个人合法取得的财产向公司投资形成的股份。包括社会个人股和本公司内部职工个人股两种。

4. 外资股

这是指外国和中国港、澳、台地区的投资者，以购买人民币特种股票的形式，向公司投资形成的股份。又分为法人外资股和个人外资股。

六、公司发行新股

公司发行新股，股东会应当对下列事项做出决议。
（1）新股种类及数额。
（2）新股发行价格。
（3）新股发行的起止日期。
（4）向原有股东发行新股的种类及数额。
（5）发行无面额股的，新股发行所得股款计入注册资本的金额。
公司发行新股，可以根据公司经营情况和财务状况，确定其作价方案。

七、授权董事会

（1）公司章程或者股东会可以授权董事会在三年内决定发行不超过已发行股份百分之五十的股份，但以非货币财产作价出资的应当经股东会决议。公司不必一次发行全部资本、股份，减轻了公司设立的难度；授权董事会自行决定发行资本，无需经股东会决议并变更公司章程，简化了公司增资程序；董事会根据公司经营情况发行资本，既灵活适应了公司经营的需要，又避免了资金的冻结、闲置，提高了投资效率。

（2）董事会依照前款规定决定发行股份导致公司注册资本、已发行股份数发生变化的，对公司章程该项记载事项的修改无须再由股东会表决。

（3）公司章程或者股东会授权董事会决定发行新股的，董事会决议应当经全体董事三分之二以上通过。

八、公开募集股份

公司向社会公开募集股份，应当经国务院证券监督管理机构注册，公告招股说明书。

招股说明书应当附有公司章程，并载明下列事项。

（1）发行的股份总数。

（2）面额股的票面金额和发行价格或者无面额股的发行价格。

（3）募集资金的用途。

（4）认股人的权利和义务。

（5）股份种类及其权利和义务。

（6）本次募股的起止日期及逾期未募足时认股人可以撤回所认股份的说明。

①公司设立时发行股份的，还应当载明发起人认购的股份数；②公司向社会公开募集股份，应当由依法设立的证券公司承销，签订承销协议；③公司向社会公开募集股份，应当同银行签订代收股款协议；④代收股款的银行应当按照协议代收和保存股款，向缴纳股款的认股人出具收款单据，并负有向有关部门出具收款证明的义务；⑤公司发行股份募足股款后，应予公告。

任务二　股份转让

一、股份转让自由

股份有限公司的股东持有的股份可以向其他股东转让，也可以向股东以外的人转让；公司章程对股份转让有限制的，其转让按照公司章程的规定进行。股份自由转让有以下功能。

其一，股东借此便利地实现投资收益；其二，股东通过"用脚投票"的方式对公司管理层形成资本市场的外部压力，促使公司经营管理水平的提高；其三，在全社会范围内促进了资金在各公司、各行业、各地区的流动，实现了资金这一最稀缺资源的市场配置。

二、股份转让场所

股东转让其股份，应当在依法设立的证券交易场所进行或者按照国务院规定的其他方式进行。股份转让的场所主要有两个类型。

首先，对于股份有限公司的股权转让，通常是在证券交易所进行，或者是按照国务院规定的其他方式进行。这些股权转让涉及的是股票，即公司以股票形式表现其股份，股票是公司签发给股东的证明其所持股份的凭证。记名股票是以背书方式进行转让，而无记名股票则是通过直接交付给受让人进行转让。

其次，股权转让还可以在区域性的股权转让市场进行，这些市场由地方人民政府批准设立并自行监管。

此外，全国中小企业股份转让系统（简称"全国股份转让系统"）也是股份转让的一个重要平台。它主要服务于创新型、创业型、成长型的中小微企业，提供股票交易、定向融资、并购重组等相关服务。境内符合条件的股份公司可以通过主办券商申请在全国股份转让系统挂牌，进行股权融资、债权融资、资产重组等。

综上所述，股份转让的场所包括证券交易所、国务院规定的其他方式、区域性股权转让市场以及全国股份转让系统等。具体选择哪种场所进行股份转让，需要根据公司的具体情况、转让需求以及相关法律法规的规定来确定。

三、股份转让限制

（1）股票的转让，由股东以背书方式或者法律、行政法规规定的其他方式进行；转让后由公司将受让人的姓名或者名称及住所记载于股东名册。

（2）股东会会议召开前二十日内或者公司决定分配股利的基准日前五日内，不得变更股东名册。法律、行政法规或者国务院证券监督管理机构对上市公司股东名册变更另有规定的，从其规定。

（3）公司公开发行股份前已发行的股份，自公司股票在证券交易所上市交易之日起一年内不得转让。法律、行政法规或者国务院证券监督管理机构对上市公司的股东、实际控制人转让其所持有的本公司股份另有规定的，从其规定。

（4）公司董事、监事、高级管理人员应当向公司申报所持有的本公司的股份及其变动情况，在就任时确定的任职期间每年转让的股份不得超过其所持有本公司股份总数的百分之二十五；所持本公司股份自公司股票上市交易之日起一年内不得转让。上述人员离职后半年内，不得转让其所持有的本公司股份。公司章程可以对公司董事、监事、高级管理人员转让其所持有的本公司股份做出其他限制性规定。

（5）股份在法律、行政法规规定的限制转让期限内出质的，质权人不得在限制转让期限内行使质权。

四、股权回购请求权

股权回购请求权，也被称为异议权、股份回购请求权、退出权、评定补偿权、估价权或股份回赎请求权。它是指当股东大会做出对股东利益有重大影响的决议时，对该决议表明异议的股东，享有请求公司以公平的价格收买其所享有的股权，从而退出公司的权利。

有下列情形之一的，对股东会该项决议投反对票的股东可以请求公司按照合理的价格收购其股份，公开发行股份的公司除外。

（1）公司连续五年不向股东分配利润，而公司该五年连续盈利，并且符合公司法规定的分配利润条件。

（2）公司转让主要财产。

（3）公司章程规定的营业期限届满或者章程规定的其他解散事由出现，股东会通过决议修改章程使公司存续。

自股东会决议做出之日起六十日内，股东与公司不能达成股份收购协议的，股东可以自股东会决议做出之日起九十日内向人民法院提起诉讼。

公司因第一款规定的情形收购的本公司股份，应当在六个月内依法转让或者注销。

▶ **实务精讲** ··

股东诉请回购

如果公司违反会议召集程序，导致股东未参与会议或者股东未就该会议出席并做出决议，股东事后提出反对意见的，能否诉请回购？

该情形未被司法实践认定为行使回购请求权的阻碍事由，应当准予其主张权益，但要注意的是，应当在规定的时限内进行。新法第一百六十一条规定："……自股东会决议做出之日起六十日内，股东与公司不能达成股份收购协议的，股东可以自股东会决议做出之日起九十日内向人民法院提起诉讼。"

五、公司收购本公司股份

公司收购本公司股份是指公司购买自己公司的股权。公司收购本公司股权的情形主要有以下几种：与持有本公司股份的其他公司合并、将股份用于员工持股计划或股权激励、减少公司注册资本等。

在具体操作上，公司收购本公司股份涉及多个步骤，如起草和修改股权收购框架协议，对出让方、担保方和目标公司的资产、资信状况进行尽职调查，制定股权收购合同的详细文本，处理内部授权和争议等程序问题以及办理权证变更等手续。

在进行股份收购时，公司还需要注意一些法律风险，特别是与出资瑕疵相关的风险，如出资不实、出资不到位和虚假出资等。如果受让人在明知出让人存在出资瑕疵的情况下仍受让股权，可能需要承担出资补充赔偿责任。

请注意，具体的收购流程、法律风险和注意事项可能因公司规模、股权结构、法律法规等因素而有所不同。因此，在实际操作中，公司应咨询专业的法律顾问或会计师，以确保收购过程合规、有效，并符合相关法律法规的要求。

公司不得收购本公司股份。但是，有下列情形之一的除外。

（1）减少公司注册资本。

（2）与持有本公司股份的其他公司合并。

（3）将股份用于员工持股计划或者股权激励。

（4）股东因对股东会做出的公司合并、分立决议持异议，要求公司收购其股份。

（5）将股份用于转换公司发行的可转换为股票的公司债券。

（6）上市公司为维护公司价值及股东权益所必需。

公司因第一项、第二项规定的情形收购本公司股份的，应当经股东会决议；公司因第三项、第五项、第六项规定的情形收购本公司股份的，可以按照公司章程或者股东会的授权，经三分之二以上董事出席的董事会会议决议。

公司依照第一款规定收购本公司股份后，属于第一项情形的，应当自收购之日起十日内注销；属于第二项、第四项情形的，应当在六个月内转让或者注销；属于第三项、第五项、第六项情形的，公司合计持有的本公司股份数不得超过本公司已发行股份总数的百分之十，并应当在三年内转让或者注销。

上市公司收购本公司股份的，应当依照《中华人民共和国证券法》的规定履行信息披露义务。上市公司因本条第一款第三项、第五项、第六项规定的情形收购本公司股份的，应当通过公开的集中交易方式进行。

公司不得接受本公司的股份作为质权的标的。

六、财务资助的限制

（1）公司不得为他人取得本公司或者其母公司的股份提供赠与、借款、担保以及其他财务资助，公司实施员工持股计划的除外。

（2）为了维护公司利益，经股东会决议或者董事会按照公司章程或者股东会的授权做出决议，公司可以为他人取得本公司或者其母公司的股份提供财务资助，但财务资助的累计总额不得超过已发行股本总额的百分之十。董事会做出决议应当经全体董事的三分之二以上通过。

（3）违反前两款规定，给公司造成损失的，负有责任的董事、监事、高级管理人员应当承担赔偿责任。

七、公示催告程序

股票被盗、遗失或者灭失，股东可以依照《中华人民共和国民事诉讼法》规定的公示催告程序，请求人民法院宣告该股票失效。人民法院宣告该股票失效后，股东可以向公司申请补发股票。

（一）提出申请

当股票持有人发现其股票被盗、遗失或者灭失时，应首先向有管辖权的基层人民法院提出公示催告申请。申请时，应提供有效的身份证明、股票被盗、遗失或灭失的证明材料以及其他相关证据，并填写完整的公示催告申请书。申请书应详细说明股票的基本信息，包括股票种类、代码、数量以及被盗、遗失或灭失的具体情况。

（二）法院受理通知

人民法院在收到申请后，将对申请材料进行审查。经审查认为符合受理条件的，法院将向申请人发出受理通知，并通知申请人在规定时间内缴纳相关费用。

（三）发布公告催促申报

法院受理申请后，将依法发布公告，催促利害关系人在一定期限内申报权利。公告内容包括股票的基本信息、申报期限、申报地点及方式等。公告将通过报纸、法院公告栏等适当方式发布，以确保相关利害关系人能够及时获知信息。

（四）利害关系人申报

在公告规定的申报期限内，如有利害关系人认为该股票属于其所有，应向法院申报权利。申报时，应提供相关证明材料，证明其对股票享有合法权利。

（五）无人申报处理

如在公告规定的申报期限内无人申报权利，或者申报被法院裁定驳回的，申请人可以向法院申请做出除权判决。法院在审查申请人提交的相关材料后，如认为符合除权条件，将依法做出除权判决。

（六）法院做出判决

法院做出的除权判决将宣告该股票失效，并确定申请人有权向发行人申请补发股票。除权判决是申请人申请补发股票的依据，具有法律效力。

（七）申请补发股票

在获得法院的除权判决后，申请人可以根据该判决向股票发行人申请补发股票。发行人在核实申请人身份及除权判决的真实性后，将按照相关规定为申请人补发新的股票。

（八）程序结束

当申请人成功获得补发的新股票后，整个公示催告程序即告结束。申请人应妥善保管新股票，以防再次发生被盗、遗失或灭失的情况。

在整个公示催告程序中，申请人应严格按照法律规定进行操作，确保申请材料的真实性和完整性。同时，法院将依法公正、高效地处理相关申请，维护当事人的合法权益。

八、上市公司股票

上市公司股票是指已经公开发行并于集中市场以开挂牌买卖的股票。具体来说，这些股票是上市公司发行的，经国务院或国务院授权证券管理部门批准，在证券交易所上市交易的。上市交易的地点只能是国家法定的交易场所，如上海证券交易所和深圳证券交易所。

上市公司股票的特点主要有以下几个方面。

（1）流动性强：上市股票可以随时在交易所进行买卖，具有较高的流动性。

（2）价格公开透明：上市股票的价格由市场供求关系决定，并在交易所公开显示，方便投资者进行交易和决策。

（3）信息披露要求高：上市公司需要按照相关法规和交易所的要求，及时、准确地披露财务信息和经营状况，保证投资者的知情权。

然而，投资上市公司股票也存在一定的风险，包括市场风险、经营风险、政策风险、购买力风险、信用风险、财务风险、违规风险等。投资者应充分了解这些风险，并结合自身的风险承受能力和投资目标进行投资决策。

同时，上市公司有时也会采取一些策略来影响股票价格，如股份回购。股份回购是指公司按一定的程序购回发行或流通在外的本公司股份的行为，通过减少在外流通的股份来提高股价，增大收购成本，从而可能对公司股价产生积极影响。

总的来说，上市公司股票是投资者进行证券投资的重要工具之一，但投资者在投资过程中需要充分了解市场情况和公司状况，谨慎决策，以规避潜在风险。

（1）上市公司的股票，依照有关法律、行政法规及证券交易所交易规则上市交易。

（2）上市公司应当依照法律、行政法规的规定披露相关信息。

九、股东资格继承

自然人股东死亡后，其合法继承人可以继承股东资格；但是，股份转让受限的股份有限公司的章程另有规定的除外。

股东资格继承是指在公司章程没有另外规定的情况下，自然人股东死亡后，其合法继承人可以直接继承股东资格。这一规定基于《中华人民共和国公司法》，如果公司章程中有特别规定或者全体股东有其他约定，那么这些规定或约定将优先适用。

在股东资格继承的过程中，一般需要遵循以下程序。

（1）召开股东会，通知所有股东有关继承事宜。

（2）将继承人的姓名、住所及受让的出资额记入公司股东名册，正式确认其股东身份。

（3）根据继承情况修改公司章程。

（4）到公司登记机关办理工商变更登记手续，确保公司信息的准确性和合法性。

此外，在继承股东资格时，还需要注意以下几点。

（1）股权继承应符合公司章程的规定，尊重公司章程的条款。

（2）尊重股东死前与其他股东就继承公司股权达成的协议，如果有此类协议存在，继承人应遵守其约定。

（3）尊重继承人和公司原股东的意图，确保股权继承符合各方的期望和利益。

（4）在继承股权时，可以参照公司股权转让的规定进行，确保继承过程的合规性。

股东资格的继承不仅涉及股权的转移，还可能涉及公司内部的权力结构和决策机制的变化。因此，在继承过程中，除了遵循法律程序外，还应充分考虑公司的整体利益和长远发展。

习题精练

一、单项选择题

1. 股票被盗、遗失或者灭失，股东可以依照《中华人民共和国民事诉讼法》规定的（　　）程序，请求人民法院宣告该股票失效。

　　A. 公示催告程序　　　　　　　　B. 普通民事诉讼程序

　　C. 第一审程序　　　　　　　　　D. 第二审程序

2. 股东转让其股份，应当在依法设立的（　　）进行或者按照国务院规定的其他方式进行。

　　A. 市场监督管理局　　　　　　　B. 证券交易场所

　　C. 证券交易大厅　　　　　　　　D. 证券交易办公室

3. 采用无面额股的，应当将发行股份所得股款的（　　）以上计入注册资本。

　　A. 三分之一　　　　　　　　　　B. 二分之一

　　C. 三分之二　　　　　　　　　　D. 四分之三

二、多项选择题

1. 公司发行新股，股东会应当对下列（　　）事项做出决议。

　　A. 新股种类及数额

　　B. 新股发行价格

　　C. 新股发行的起止日期

　　D. 向原有股东发行新股的种类及数额

　　E. 发行无面额股的，新股发行所得股款计入注册资本的金额

2. 招股说明书应当附有公司章程，并载明下列事项（　　）。

　　A. 发行的股份总数

　　B. 面额股的票面金额和发行价格或者无面额股的发行价格

　　C. 募集资金的用途

　　D. 认股人的权利和义务

　　E. 股份种类及其权利和义务

三、名词解释

1. 国家股。
2. 无额面股。
3. 无记名股。

四、简答题

股份发行的原则。

项目七

国家出资公司组织机构的特别规定

【知识目标】

1. 掌握国家出资公司的定义、法律地位及其在国民经济中的重要作用。

2. 熟悉国家出资公司与其他类型公司在组织机构设置上的主要差异。

3. 了解国家出资公司组织机构的构成、职责及权限。

【能力目标】

1. 熟悉国家出资公司治理结构的设计原则与要求。

2. 掌握国家出资公司董事会、监事会、经理层的特别规定，如成员产生、任期、职权等。

3. 培养学生在国家出资公司治理中的实际操作能力。

【素质目标】

1. 掌握当前国家出资公司组织机构改革的背景、目标与任务。

2. 理解国家出资公司运行机制的特点，如决策程序、监督机制、激励机制等。

任务一　国家出资公司的理论分析

一、国家出资公司的概念

党的二十大报告指出："深化国资国企改革，加快国有经济布局优化和结构调整，推动国有资本和国有企业做强做优做大，提升企业核心竞争力。"

国家出资公司，是指国家出资的国有独资公司、国有资本控股公司，包括国家出资的有限责任公司、股份有限公司。

二、国家出资公司的特征

国家出资公司的主要特征有以下几个方面。

（1）国家出资公司为有限责任公司、股份有限公司。国家出资公司是公司的一种，它不是独立于公司形态的一种新的公司形态。国家出资公司适用公司的一般原则，如公司财产与股东财产相分离的原则、有限责任原则等。

（2）国家出资公司股东的法定性。即国家出资公司的股东包含国家，国家出资公司，由国务院或者地方人民政府分别代表国家依法履行出资人职责，享有出资人权益。国务院或者地方人民政府可以授权国有资产监督管理机构或者其他部门、机构代表本级人民政府对国家出资公司履行出资人职责。

（3）国家出资公司中中国共产党的组织，按照中国共产党章程的规定发挥领导作用，研究讨论公司重大经营管理事项，支持公司的组织机构依法行使职权。将党的领导融入公司治理的框架内是确保对国家出资公司经营管理人员的有效监督，增强国家出资公司公益性的必要保证。

（4）国有独资公司章程由履行出资人职责的机构制定。将国家出资企业所有事项的决策权统一交由企业管理层以及出资人，简化了企业在面对市场经济发现变化时的决策程序，在一定程度上减少了企业委托代理成本。

任务二　国有独资公司的组织机构

一、国有独资公司的权力机关

国有独资公司的权力机关是国有资产监督管理机构。由于国有独资公司的特殊性，其不设股东会，而是由国有资产监督管理机构行使股东会的职权。

国有独资公司不设股东会，由履行出资人职责的机构行使股东会职权。履行出资人职责的机构可以授权公司董事会行使股东会的部分职权，但公司章程的制定和修改，公司的合并、分立、解散、申请破产，增加或者减少注册资本，分配利润，应当由履行出资人职责的机构决定。

二、国有独资公司的董事会

国有独资公司的董事会是公司的决策机构，其成员构成和职责具有一定的特殊性。

首先，在成员构成上，国有独资公司的董事会成员中应当过半数为外部董事，并应当有公司职工代表。这些成员由履行出资人职责的机构委派，但职工代表则由公司职工代表大会选举产生。此外，董事会设董事长一人，可以设副董事长，董事长和副董事长也是由履行出资人职责的机构从董事会成员中指定。

其次，在职责方面，董事会依照公司法和其他相关法规行使职权，包括制订公司的经营计划和投资方案、决定公司的内部管理机构设置、审议批准公司的财务预算和决算等。同时，董事会还需要聘任或解聘公司经理（总经理），并根据经理的提名决定聘任或者解聘公司副经理、财务负责人及其报酬事项。

除此之外，董事会还需要对公司的重要决策进行审议和批准，包括重大投资、资产处置、合并、分立、解散、增减注册资本等事项。在决策过程中，董事会应充分考虑公司的长期利益和可持续发展，并遵循法律法规和公司章程的规定。

此外，董事会还有责任监督公司的运营情况，确保公司遵守法律法规和道德规范，维护公司和股东的利益。这包括对经理层执行董事会决议情况的监督，以及对公司财务状况和运营绩效的审查。

总的来说，国有独资公司的董事会是公司的核心决策机构，其成员构成和职责体现了国有独资公司的特殊性和监管要求。通过有效的董事会运作，可以确保公司的稳健运营和可持续发展。

（1）国有独资公司的董事会依照公司法规定行使职权。国有独资公司的董事会成员中，应当过半数为外部董事，并应当有公司职工代表。

（2）董事会成员由履行出资人职责的机构委派；但是，董事会成员中的职工代表由公司职工代表大会选举产生。

（3）董事会设董事长一人，可以设副董事长。董事长、副董事长由履行出资人职责的机构从董事会成员中指定。

三、国有独资公司的经理

国有独资公司的经理是由董事会依法聘任或者解聘的，作为辅助董事会执行业务的人员。经理对董事会负责，主要行使以下职权。

（1）主持公司的生产经营管理工作，组织实施董事会决议。

（2）组织实施公司年度经营计划和投资方案。

（3）拟订公司内部管理机构设置方案。

（4）拟定公司的基本管理制度。

（5）制定公司的具体规章。

（6）提请聘任或者解聘公司副经理、财务负责人。

（7）聘任或者解聘除应由董事会决定聘任或者解聘以外的负责管理人员。

（8）执行公司章程和董事会授予的其他职权。

此外，经理还列席董事会会议。在坚持党管干部原则并同市场化选聘企业经营管理者的机制相结合的情况下，董事会以经营知识、工作经验和创新能力等为标准，挑选和聘任适合于本公司的经理。

（1）国有独资公司的经理由董事会聘任或者解聘。

（2）经履行出资人职责的机构同意，董事会成员可以兼任经理。

（3）国有独资公司的董事、高级管理人员，未经履行出资人职责的机构同意，不得在其他有限责任公司、股份有限公司或者其他经济组织兼职。

四、国有独资公司的审计委员会

国有独资公司设监事会，作为公司的监督机构。

国有独资公司在董事会中设置由董事组成的审计委员会行使公司法规定的监事会职权的，不设监事会或者监事。

国家出资公司应当依法建立健全内部监督管理和风险控制制度，加强内部合规管理。

国有独资公司的审计委员会是一个在公司治理结构中至关重要的机构。它主要负责对公司财务和会计活动进行监督，确保公司的财务报告准确、完整，并符合相关法律法规的要求。

审计委员会的成员通常包括具有财务和会计方面专业知识的独立董事和外部董事，他们不在公司的管理层中担任其他职务，从而确保审计委员会的独立性和客观性。审计委员会的主要职责包括但不限于审议企业年度内部审计工作计划、监督企业内部审计质量与财务信息披露、监督企业内部控制程序的有效性，并接受有关方面的投诉等。

在国有独资公司的背景下，审计委员会的设置有助于加强公司的内部控制和风险管理，提升公司治理水平，保护国有资产的安全和完整。同时，审计委员会的存在也能够增强公司的透明度和公信力，为公司的可持续发展提供有力保障。

总的来说，国有独资公司的审计委员会是一个不可或缺的机构，对于维护公司的财务健康、提升治理水平以及保护股东利益都具有重要意义。

习题精练

一、单项选择题

1. 党的二十大报告指出："深化国资国企改革，加快国有经济布局优化和结构调整，推动国有资本和国有企业做强做优做大，提升企业（　　）。"

    A. 核心竞争力   B. 核心凝聚力

    C. 核心战斗力   D. 关键竞争力

2. 国家出资公司（　　）不是独立于公司形态的一种新的公司形态。

    A. 是公司法新规定的一种公司形态

    B. 是社会上新出现的一种公司形态

    C. 是独立于公司形态的一种新的公司形态

    D. 不是独立于公司形态的一种新的公司形态

3. 国有独资公司的权力机关是（　　　）。

    A. 股东会
    B. 董事会

    C. 监事会
    D. 国有资产监督管理机构

4. 国有独资公司的（　　　）是公司的决策机构

    A. 股东会
    B. 董事会

    C. 监事会
    D. 国有资产监督管理机构

5. （　　　）是国有独资公司辅助董事会执行业务的人员。

    A. 股东
    B. 董事

    C. 监事
    D. 经理

6. 国有独资公司章程由（　　　）制定。

    A. 股东会
    B. 董事会

    C. 监事会
    D. 国有资产监督管理机构

二、多项选择题

1. 国有独资公司的（　　　），分配利润，应当由国有资产监督管理机构决定。

    A. 合并
    B. 分立

    C. 解散
    D. 申请破产

    E. 增加或者减少注册资本

三、名词解释

    国家出资公司。

四、简答题

    1. 国家出资公司的特征是什么？

    2. 国有独资公司的经理的职权是什么？

项目八

公司董事、监事、高级管理人员

【知识目标】

1. 掌握公司董事、监事、高级管理人员的资格要求。

2. 熟悉相关法规、公司章程对董事、监事、高级管理人员资格的具体规定。

3. 了解董事、监事、高级管理人员的任命程序，包括提名、选举或聘任等环节。

【能力目标】

1. 熟悉公司对董事、监事、高级管理人员的监督管理机制。

2. 掌握罢免董事、监事、高级管理人员的条件和程序，确保决策过程的合规性和透明度。

3. 理解公司章程和相关法规对董事、监事、高级管理人员权限的界定。

【素质目标】

1. 理解监督管理机制在维护公司治理结构中的作用和意义。

2. 掌握董事、监事、高级管理人员在违反法律法规或公司章程时应承担的法律责任。

3. 掌握董事、监事、高级管理人员在面临利益冲突时的处理方式，确保公司利益不受损害。

任务一 公司董事、监事、高级 管理人员的任职

一、公司董事、监事、高级管理人员的任职资格

公司董事是指有限责任公司、股份有限公司董事会的全体董事。公司监事是指有限责任公司的监事会的全体监事或者不设监事会的有限责任公司的监事，以及股份有限公司监事会的全体监事。公司的高级管理人员是指公司的经理、副经理、财务负责人、上市公司董事会秘书和公司章程规定的其他人员。

由于董事、监事和高级管理人员对于公司的经营管理和业绩效益负有重要的责任，公司法对他们的任职资格有较为严格的限制性条件。根据公司法的规定，有下列情形之一的，不得担任公司的董事、监事、高级管理人员。

（1）无民事行为能力或者限制民事行为能力。

（2）因贪污、贿赂、侵占财产、挪用财产或者破坏社会主义市场经济秩序，被判处刑罚，或者因犯罪被剥夺政治权利，执行期满未逾五年，被宣告缓刑的，自缓刑考验期满之日起未逾两年。

（3）担任破产清算的公司、企业的董事或者厂长、经理，对该公司、企业的破产负有个人责任的，自该公司、企业破产清算完结之日起未逾三年。

（4）担任因违法被吊销营业执照、责令关闭的公司、企业的法定代表人，并负有个人责任的，自该公司、企业被吊销营业执照、责令关闭之日起未逾三年。

（5）个人因所负数额较大债务到期未清偿，被人民法院列为失信被执行人。

违反前款规定选举、委派董事、监事或者聘任高级管理人员的，该选举、委派或者聘任无效。

董事、监事、高级管理人员在任职期间出现本条第一款所列情形的，公司应当解除其职务。

二、董事、监事、高级管理人员的共同义务

（1）董事、监事、高级管理人员应当遵守法律、行政法规和公司章程。

（2）董事、监事、高级管理人员对公司负有忠实义务，应当采取措施避免自身利益与公司利益冲突，不得利用职权牟取不正当利益。

（3）董事、监事、高级管理人员对公司负有勤勉义务，执行职务应当为公司的最大利益尽到管理者通常应有的合理注意。

公司的控股股东、实际控制人不担任公司董事但实际执行公司事务的，适用前款规定。

股东会要求董事、监事、高级管理人员列席会议的，董事、监事、高级管理人员应当列席并接受股东的质询。

忠实义务核心是"不得利用职权谋取不正当利益"，勤勉义务的核心是"执行职务应当为公司的最大利益尽到管理者通常应有的合理注意"。此外，为明确忠实义务是一种消极义务，本质在于避免个人利益和公司利益之间发生冲突；勤勉义务是一种积极义务，本质在于界定履职过程中的合理注意义务。

三、董事、监事、高级管理人员的特定性义务

董事、监事和高级管理人员负责公司的经营决策和日常管理，其行为直接关乎公司和股东的利益，故法律对他们有更多、更为具体的规则要求，其中特别体现在对他们的禁止性规定方面。

董事、监事、高级管理人员不得有以下行为。

（1）侵占公司财产、挪用公司资金。

（2）将公司资金以其个人名义或者以其他个人名义开立账户存储。

（3）利用职权贿赂或者收受其他非法收入。

（4）接受他人与公司交易的佣金归为己有。

（5）擅自披露公司秘密。

（6）违反对公司忠实义务的其他行为。

董事、监事、高级管理人员执行职务违反法律、行政法规或者公司章程的规定，给公司造成损失的，应当承担赔偿责任。

四、董事、监事、高级管理人员的报告义务

（1）董事、监事、高级管理人员，直接或者间接与本公司订立合同或者进行交易，应当就与订立合同或者进行交易有关的事项向董事会或者股东会报告，并按照公司章程的规定经董事会或者股东会决议通过。

（2）董事、监事、高级管理人员的近亲属，董事、监事、高级管理人员或者其近亲属直接或者间接控制的企业，以及与董事、监事、高级管理人员有其他关联关系的关联人，与公司订立合同或者进行交易，适用前面条款规定。

任务二　公司董事、监事、高级管理人员的行为限制

一、竞业限制

董事、监事、高级管理人员未向董事会或者股东会报告，并按照公司章程的规定经董

事会或者股东会决议通过，不得自营或者为他人经营与其任职公司同类的业务。其一，将竞业活动禁止义务的法定主体扩张至监事，与其他忠实义务的义务主体保持一致；其二，在股东会的基础上，增设董事会作为对董事、监事、高级管理人员的竞业活动予以许可的机关。

1. 禁止自营同类业务

董事、监事及高级管理人员在任职期间，不得自行经营与公司业务相竞争或类似的业务，这有助于避免公司内部利益冲突，维护公司的市场地位和竞争优势。

2. 禁止为他人经营同类业务

这些人员同样不得利用其在公司的职务便利，为其他公司或个人经营与公司业务相竞争或类似的业务，这有助于防止公司商业秘密的泄露，维护公司的合法权益。

3. 不得利用公司商业机会

董事、监事及高级管理人员应忠诚于公司，不得将公司的商业机会私自转让给第三方，或以其他方式利用这些机会谋取个人利益。

4. 保密义务与责任

这些人员有义务保守公司的商业秘密和敏感信息，防止其泄露给竞争对手或其他不当使用。如因个人原因导致公司遭受损失，应承担相应的法律责任。

5. 竞业限制期限与范围

竞业限制的期限和范围应根据具体情况进行设定，以确保既能有效防止竞业行为，又不至于过分限制个人的职业发展。一般来说，竞业限制的期限可以在劳动合同或相关协议中明确，而范围则应根据公司的业务特点和市场竞争状况进行界定。

6. 违反竞业限制的后果

若董事、监事及高级管理人员违反竞业限制规定，将可能面临严重的法律后果。公司有权要求其停止竞业行为，赔偿因此造成的经济损失，并可能解除其职务或追究其法律责任。

7. 经济补偿与违约金

为平衡个人权益与公司利益，竞业限制协议中通常会涉及经济补偿与违约金的约定。公司应根据实际情况给予相关人员合理的经济补偿，以弥补其因竞业限制而可能遭受的损失。同时，如相关人员违反竞业限制协议，应支付相应的违约金作为惩罚。

8. 法律监督与救济途径

为确保竞业限制规定的有效执行，需要建立健全的法律监督机制。公司应定期审查董事、监事及高级管理人员的竞业行为，确保其遵守相关规定。对于违反竞业限制的行为，公司可以通过法律途径寻求救济，包括向法院提起诉讼、要求赔偿损失等。

▶ 实务精讲 ··

竞业禁止

李某是 A 电器有限公司的董事兼总经理。2026 年 7 月，A 公司所在地的 K 市出现罕见的高温，空调供不应求。于是，李某以 B 公司的名义从 H 市购进一批总价为 200 万元的空调。之后，李某将该批空调销售给 C 公司，获利 10 万元。

如何评价李某的行为？

【解析】

李某的行为违反了公司法中的竞业禁止义务。我国《公司法》规定：董事、高级管理人员不得未经股东会或者股东大会同意，利用职务便利为自己或者他人谋取属于公司的商业机会，自营或者为他人经营与其所任职公司同类的业务。本案中，A 电器有限公司的经营范围是家用电器，当然包括空调的购销。李某身为 A 公司的董事兼总经理，却以 B 公司的名义购买销售空调，实际上是为 B 公司进行商业活动，同时亦损害了本公司的获利。显然属于"为他人经营与其所任职公司同类的业务"，因而，李某的行为已违反了我国《公司法》关于竞业禁止义务的规定。

李某违反竞业禁止义务行为的效力，公司法规定了董事、经理负有竞业禁止的义务，同时又规定因从事违反竞业禁止义务的营业或活动产生的 10 万元收入应当收归 A 公司所有。

二、商业机会

董事、监事、高级管理人员，不得利用职务便利为自己或者他人谋取属于公司的商业机会。但是，有下列情形之一的除外。

（1）向董事会或者股东会报告，并按照公司章程的规定经董事会或者股东会决议通过。

（2）根据法律、行政法规或者公司章程的规定，公司不能利用该商业机会。

（3）董事、监事、高级管理人员违反公司法第一百八十一条至第一百八十四条规定所得的收入应当归公司所有。

其一，扩大公司机会规则的适用范围，将负有不得篡夺公司机会的主体范围延伸至监事。

其二，对董事、监事、高级管理人员利用公司机会的抗辩理由进行扩展，延伸规定为"向董事会或者股东会报告，并经董事会或者股东会决议通过"和"根据法律、行政法规或者公司章程的规定，公司不能利用该商业机会"。

其三，将公司机会合理利用的审批机关由股东会扩大到董事会或股东会，切合股东会召集困难的现实。

三、关联董事不得参与表决

关联董事是指与公司具有特定关系的董事，这些关系可能涉及经济利益、亲属关系或其他形式的紧密联系。董事会对公司法第一百八十二条至第一百八十四条规定的事项决议时，关联董事不得参与表决，其表决权不计入表决权总数。出席董事会会议的无关联关系董事人数不足三人的，应当将该事项提交股东会审议。关联董事表决回避规则，明确在关联交易、公司机会和竞业禁止的场合，关联董事须回避表决。同时，规定出席董事会的无关联关系董事人数不足三人的，应当将该事项提交股东会审议。

四、对股东的司法救济：股东代表诉讼

（一）股东代表诉讼的理论

股东代表诉讼，又称派生诉讼、股东代位诉讼，是指当公司的合法权益受到不法侵害而公司却怠于起诉时公司的股东即以自己的名义起诉、所获赔偿归于公司的一种诉讼制度。

股东代表诉讼制度是随着对少数股东权保护的加强而逐渐发展起来和不断完善的。在公司权力中心由股东大会转移至董事会和公司管理层后，股东权得不到充分保护和救济的社会问题日益突出。股东代表诉讼制度即属于为此而设计的诸多法律制度中的一种，其功能主要体现在以下两个方面。

其一是救济功能，即在公司利益受到董事、监事、高级管理人员、控股股东以及其他人的非法侵害时，通过股东提起代表诉讼的方式，使公司及时获得经济赔偿或其他救济，保护公司的合法权益，并最终保护全体股东的合法权益。

其二是预防功能，即通过增加公司董事、监事、高级管理人员、控股股东等相关人员从公司谋取不当利益的风险成本，从而起到预防、减少该类行为的作用。

（二）股东代表诉讼的实务

（1）董事、高级管理人员有违法或违反公司章程规定的情形的，有限责任公司的股东、股份有限公司连续一百八十日以上单独或者合计持有公司百分之一以上股份的股东，可以书面请求监事会向人民法院提起诉讼；监事有此规定的情形的，前述股东可以书面请求董事会向人民法院提起诉讼。

（2）监事会或者董事会收到前款规定的股东书面请求后拒绝提起诉讼，或者自收到请求之日起三十日内未提起诉讼，或者情况紧急、不立即提起诉讼将会使公司利益受到难以弥补的损害的，前款规定的股东有权为公司利益以自己的名义直接向人民法院提起诉讼。

（3）他人侵犯公司合法权益，给公司造成损失的，本条第一款规定的股东可以依照前两款的规定向人民法院提起诉讼。

（4）公司全资子公司的董事、监事、高级管理人员有前条规定情形，或者他人侵犯公

司全资子公司合法权益造成损失的，有限责任公司的股东、股份有限公司连续一百八十日以上单独或者合计持有公司百分之一以上股份的股东，可以依照前三款规定书面请求全资子公司的监事会、董事会向人民法院提起诉讼或者以自己的名义直接向人民法院提起诉讼。股东代表诉讼的被告范围扩张至全资子公司的董事、高级管理人员，以此构建双重股东代表诉讼制度。在我国，引入该制度的主要目的在于解决公司股东与管理者之间以及公司控股股东与小股东之间的利益冲突，同时解决内部人控制以及控股股东对公司实际控制的问题。该制度作为股东代表诉讼的延伸，能够处理企业集团内部不同主体之间的矛盾，维护母公司中小股东的利益。

（5）董事、高级管理人员违反法律、行政法规或者公司章程的规定，损害股东利益的，股东可以向人民法院提起诉讼。

（6）董事、高级管理人员执行职务，给他人造成损害的，公司应当承担赔偿责任；董事、高级管理人员存在故意或者重大过失的，也应当承担赔偿责任。对第三人承担责任的要件：其一，主体要件是董事和高级管理人员，但第三人的范围未得到明确；其二，行为要件是董事、高级管理人员执行职务的行为；其三，主观要件将过错限定为故意或重大过失；其四，损害要件可能包含直接损害和间接损害。

（7）公司的控股股东、实际控制人指示董事、高级管理人员从事损害公司或者股东利益的行为的，与该董事、高级管理人员承担连带责任。其目的在于规范控股股东、实际控制人的行为，防止其为追求自身利益而损害公司和小股东利益。由于"双控"行为属于其与受操纵董事在具有共同意思联络的情况下实施的共同侵权行为，因此两者应承担连带责任，且要求其承担连带责任有利于债权人利益的实现，亦有利于公司社会责任的承担。

（8）公司可以在董事任职期间为董事因执行公司职务承担的赔偿责任投保责任保险。公司为董事投保责任保险或者续保后，董事会应当向股东会报告责任保险的投保金额、承保范围及保险费率等内容。

（三）股东代表诉讼制度的特征

（1）救济对象方面的特征。股东代表诉讼所要救济的是被公司董事、经理、监事或者其他人侵害的公司权力和利益，而不是提起诉讼的股东个人。在股东代表诉讼中，公司利益和股东个人利益事实上都受到了损害，但公司是直接的受害人，股东是间接的受害人。

（2）诉因方面的特征。股东代表诉讼的诉因并非股东个人权利受到侵害或个人利益发生纠纷，就法律关系而言，事实上与股东个人无直接权利义务关系，能够提起诉讼的股东所依据的实体意义上的诉权不专属于哪一个股东，而是属于公司，原告股东只是以代表人的资格，代为公司行使原本属于公司的诉权。因此，对同一事实其他股东也可以提起代表诉讼，并且在诉讼中也无法排除其他股东的介入。

（3）诉讼当事人方面的特征。在股东代表诉讼中，股东以自己的名义提起诉讼，即股东具有原告的身份；被告则是实施侵害公司利益的行为人，包括公司董事、经理、监事和其他人。公司不是股东代表诉讼的被告。

（4）诉讼效果方面的特征。股东代表诉讼的后果由公司承担，归于公司，而不是归于提起诉讼的股东。

习题精练

一、单项选择题

1. 以下哪些人员（　　）可以被聘为公司经理。
   A. 完全民事行为能力人　　　　　　　B. 无民事行为能力
   C. 限制民事行为能力　　　　　　　　D. 间歇性精神病人

2. 因贪污、贿赂、侵占财产、挪用财产或者破坏社会主义市场经济秩序，被判处刑罚，或者因犯罪被剥夺政治权利，执行期满未逾（　　）年，不得担任公司高级管理人员。
   A. 两年　　　　　　　　　　　　　　B. 三年
   C. 四年　　　　　　　　　　　　　　D. 五年

3. 被宣告缓刑的，自缓刑考验期满之日起未逾（　　）年，不得担任公司高级管理人员。
   A. 两年　　　　　　　　　　　　　　B. 三年
   C. 四年　　　　　　　　　　　　　　D. 五年

4. 担任破产清算的公司、企业的董事或者厂长、经理，对该公司、企业的破产负有个人责任的，自该公司、企业破产清算完结之日起未逾（　　）年，不得担任公司高级管理人员。
   A. 两年　　　　　　　　　　　　　　B. 三年
   C. 四年　　　　　　　　　　　　　　D. 五年

5. 担任因违法被吊销营业执照、责令关闭的公司、企业的法定代表人，并负有个人责任的，自该公司、企业被吊销营业执照、责令关闭之日起未逾（　　）年，不得担任公司高级管理人员。
   A. 两年　　　　　　　　　　　　　　B. 三年
   C. 四年　　　　　　　　　　　　　　D. 五年

6. 股东代表诉讼，是当公司的合法权益受到不法侵害而公司却怠于起诉时公司的股东即以自己的名义起诉、所获赔偿归于（　　）。
   A. 股东　　　　　　　　　　　　　　B. 董事
   C. 监事　　　　　　　　　　　　　　D. 公司

二、多项选择题

1. （　　）不得担任公司的董事、监事、高级管理人员。
   A. 无民事行为能力或者限制民事行为能力
   B. 因贪污、贿赂、侵占财产、挪用财产或者破坏社会主义市场经济秩序，被判处刑罚，

或者因犯罪被剥夺政治权利，执行期满未逾五年，被宣告缓刑的，自缓刑考验期满之日起未逾两年

C. 担任破产清算的公司、企业的董事或者厂长、经理，对该公司、企业的破产负有个人责任的，自该公司、企业破产清算完结之日起未逾三年

D. 担任因违法被吊销营业执照、责令关闭的公司、企业的法定代表人，并负有个人责任的，自该公司、企业被吊销营业执照、责令关闭之日起未逾三年

E. 个人因所负数额较大债务到期未清偿被人民法院列为失信被执行人

2. 董事、监事、高级管理人员不得有下列行为（　　　）。

A. 侵占公司财产、挪用公司资金

B. 将公司资金以其个人名义或者以其他个人名义开立账户存储

C. 利用职权贿赂或者收受其他非法收入

D. 接受他人与公司交易的佣金归为己有

E. 擅自披露公司秘密

三、名词解释

1. 股东代表诉讼。

2. 关联董事。

项目九

公司债券

【知识目标】

1. 掌握债券的定义、性质及基本要素。

2. 理解债券与股票、贷款等其他融资方式的区别与联系。

3. 熟悉债券市场的结构与功能，以及债券发行人与投资者之间的关系。

【能力目标】

1. 掌握各类债券的特点、风险与收益情况，以及适用的场景和投资者群体。

2. 了解不同市场环境下各类债券的市场表现及投资价值。

3. 熟悉债券市场的动态变化，学会利用市场信息进行投资决策。

【素质目标】

1. 理解债券投资的风险来源及分类，如信用风险、市场风险、流动性风险等。

2. 利用投资工具进行资产配置，实现多元化投资，降低风险。

任务一　公司债券的理论

一、公司债券的概念和特点

公司债券是指公司发行的约定按期还本付息的有价证券。公司债的性质为民法上的合同之债、单一之债、金钱之债。从我国公司法的有关规定来看，公司债券具有以下特点。

（1）公司债券是由股份有限公司和有限责任公司发行的债券。

（2）公司债券是公司以借贷方式向公众筹集资金，具有利率固定、风险较小、易于吸引投资者的优点。

（3）公司债券是一种要式证券，其制作必须遵照公司法的规定，记载公司名称、债券票面金额、利率、偿还期限等事项，并由法定代表人签名，公司盖章。

（4）公司债券是一种有价证券。公司债券持有人是公司的债权人，享有按照约定期限取得利息、收回本金的权利；发行债券的公司作为向社会公众借债的债务人，负有按照约定期限向债券所有人还本付息的义务。公司债券作为一种有价证券，可以自由流通转让、质押和继承。

（5）公司债券持有人具有广泛性，可以向社会公众公开募集。

（6）公司债券可以公开发行，也可以非公开发行。公司债券的发行和交易应当符合《中华人民共和国证券法》等法律、行政法规的规定。

二、公司债券的种类

（1）根据是否在公司债券上记载公司债券人的姓名为标准，可将公司债划分为记名公司债券和无记名公司债券。根据公司法的规定，记名公司债券应当公司债券存根簿上载明下列事项：债券持有人的姓名或者名称及住所；债券持有人取得债券的日期及债券的编号；债券总额，债券的票面金额、利率、还本付息的期限和方式；债券的发行日期。发行无记名债券的，应当在债券存根簿上载明债券总额、利率、偿还期限和方式、发行日期及债券的编号。我国目前已发行的公司债券，绝大多数是无记名公司债券。二者的性质并无差别，只是转让方式不同，无记名公司债转让时以交付债券凭证为要件，不需办理过户手续，持有债券即为债权人的证据。记名公司债以背书形式转让，但若未在公司办理过户手续，该转让行为不发生对抗公司的效力。

（2）根据公司债券能否转换成股权为标准，可将公司债划分为转换公司债券和非转换公司债券。可转换公司债实际上是给债权人一种选择权，当债权清偿期满时，债权人可以要求收回本金、取得固定利息，也可以选择要求以期享有的债权抵缴认股款而取得公司股份，从而成为公司股东。根据我国公司法的规定，只有上市公司才可以申请发行可转换公司债。发行可转换为股票的公司债券，应当在债券上标明"可转换公司债券"字样，并在公司债券存根簿上载明可转换公司债券的数额。公司应当按照约定的转换办法向债券持有人换发股票，但债券持有人对是否将债券转换为股票享有选择权。

（3）根据公司发行债券时是否提供偿还本息的担保为标准，可将公司债划分为有担保公司债券和无担保公司债券。在有担保公司债的情况下，债券持有人既为公司的债权人，又为公司财产的抵押权人，其债权优先于公司的其他债权人而受偿。

三、公司债券募集办法

公开发行公司债券，应当经国务院证券监督管理机构注册，公告公司债券募集办法。公司债券募集办法应当载明下列主要事项。

（1）公司名称。

（2）债券募集资金的用途。

（3）债券总额和债券的票面金额。

（4）债券利率的确定方式。

（5）还本付息的期限和方式。

（6）债券担保情况。

（7）债券的发行价格、发行的起止日期。

（8）公司净资产额。

（9）已发行的尚未到期的公司债券总额。

（10）公司债券的承销机构。

公司以纸面形式发行公司债券的，应当在债券上载明公司名称、债券票面金额、利率、偿还期限等事项，并由法定代表人签名，公司盖章。

四、发行公司债券的条件

有限责任公司和股份有限公司都可以公开发行公司债券。根据证券法的规定，公司发行债券应当符合下列条件。

（1）股份有限公司的净资产不低于人民币 3000 万元，有限责任公司的净资产不低于人民币 6000 万元。

（2）累计债券余额不超过公司净资产的 40%。

（3）最近三年平均可分配利润足以支付公司债券一年的利息。

（4）筹集的资金投向符合国家产业政策。

（5）债券的利率不超过国务院限定的利率水平。

（6）国务院规定的其他条件。

公开发行公司债券筹集的资金，必须用于核准的用途，不得用于弥补亏损和非生产性支出。

上市公司发行可转换为股票的公司债券，除应当符合上述条件外，还应当符合证券法关于公开发行股票的条件，并报国务院证券监督管理机构核准。

任务二 公司债券的实务

一、发行债券的程序

依照我国公司法和证券法的相关规定，公司发行公司债券应按下列程序进行。

（1）做出决议或决定。股份有限公司、有限责任公司发行公司债券，要由董事会制订发行公司债券的方案，提交股东大会或者股东会审议做出决议。国有独资公司发行公司债券，由国家授权投资的机构或者国家授权的部门做出决定。

（2）提出申请。公司应当向国务院证券管理部门提出发行公司债券的申请，并提交相关文件。

（3）经主管部门核准。国务院证券管理部门对公司提交的发行公司债券的申请进行审查，对符合公司法规定的，予以核准；对不符合规定的不予核准。

（4）与证券商签订承销协议。

（5）公告公司债券募集方法。发行公司债券的申请得到核准后，应当公告公司债券募集办法。

公司债券募集办法中应当载明下列主要事项：公司名称；债券募集资金的用途；债券总额和债券的票面金额；债券利率的确定方式；还本付息的期限和方式；债券担保情况；债券的发行价格、发行的起止日期；公司净资产额；已发行的尚未到期的公司债券总额；公司债券的承销机构。

（6）认购公司债券。社会公众认购公司债券的行为称为应募，应募的方式可以是先填写应募书，而后履行按期缴清价款的义务，也可以是当场以现金支付购买。当认购人缴足价款时，发行人负有在价款收讫时交付公司债券的义务。

▶ **实务精讲**

公司发行债务

南岭农贸有限责任公司由于市场疲软，濒临倒闭。但因为南岭农贸有限责任公司一直是其所在区的利税大户，区政府采取积极扶持的政策。为了转产筹集资金，南岭农贸有限责任公司总经理向区政府申请发行债券，区政府予以批准，并协助南岭农贸有限责任公司向社会宣传。于是，南岭农贸有限责任公司发行价值150万元的债券并很快顺利发行完毕。债券的票面记载为票面金额100元，年利率15%，南岭农贸有限责任公司以及发行日期和编号。

问：南岭农贸有限责任公司债券的发行是否合法？

【解析】

（1）发行公司债券要由公司股东会做出决议，由股东会做出决议后，由公司向国务院授权的部门或国务院证券监督管理机构报送相关文件（《证券法》第17条），要经国务院授权部门核准，并公告公司债券募集办法。而本案中，由区政府批准发行债券，这不符合法律规定。

（2）《公司法》规定，公司发行债券必须在债权上载明公司的名称、债券票面金额、利率、偿还期限等事项，并由法定代表人签名，公司盖章。本案中，债券票面缺少法定记载事项。

（3）证券的发行应当由证券公司承销，不能由公司自行发售。

二、公司债券持有人名册

公司债券应当为记名债券。公司发行公司债券应当置备公司债券持有人名册。发行公司债券的，应当在公司债券持有人名册上载明下列事项。

（1）债券持有人的姓名或者名称及住所。

（2）债券持有人取得债券的日期及债券的编号。

（3）债券总额，债券的票面金额、利率、还本付息的期限和方式。

（4）债券的发行日期。

公司债券的登记结算机构应当建立债券登记、存管、付息、兑付等相关制度。

三、公司债券的转让

（1）公司债券可以转让，转让价格由转让人与受让人约定。公司债券的转让应当符合法律、行政法规的规定。

（2）公司债券由债券持有人以背书方式或者法律、行政法规规定的其他方式转让；转让后由公司将受让人的姓名或者名称及住所记载于公司债券持有人名册。

四、债转股

（1）股份有限公司经股东会决议或者经公司章程、股东会授权由董事会决议，可以发行可转换为股票的公司债券，并规定具体的转换办法。上市公司发行可转换为股票的公司债券，应当经国务院证券监督管理机构注册。

（2）发行可转换为股票的公司债券，应当在债券上标明可转换公司债券字样，并在公司债券持有人名册上载明可转换公司债券的数额。

（3）发行可转换为股票的公司债券的，公司应当按照其转换办法向债券持有人换发股票，但债券持有人对转换股票或者不转换股票有选择权。法律、行政法规另有规定的除外。

▶ **实务精讲** --

对赌协议

（1）对赌协议是各方当事人的真实意思表示，不违反法律法规的强制性规定。对赌协议的签署是在投资方实现投资收益和管理者寻求低成本融资的共同目标下，经过各方多次激烈谈判和细致周密的尽职调查，在对公司股权估值、投资额、投资期限、退出方式和估值调整责任等诸多事项协商一致的基础上完成的，充分体现了意思自治原则，是各方真实意思表示，且不违反法律法规的强制性规定。

（2）对赌协议符合公平原则和等价有偿原则。对赌协议中约定的现金补偿条款是在投资方不掌控目标公司的经营管理、目标公司前景不确定、签约双方信息不对称的情况下签订的。投资方以远高于注册资本的对价获得股权，由于在增资时投资方无法准确地对目标公司的股权进行估值，投资方所获取的股权与付出的代价严重不对等。因此，约定在目标公司未实现预期利润或未达到目标时，对所占股权溢价款部分进行返还，可以确保投资人的投资与其所获得的股权估值相匹配，符合公平原则和等价有偿原则。

（3）对赌协议的实质可以理解为投资方对目标公司的高溢价增资部分系附条件归属于目标公司，当条件未成就时，目标公司以现金补偿的方式退还溢价增资部分。投资方认购的股票的发行价格包括两部分，一部分是股票的票面金额，另一部分是溢价部分，但只有在对赌协议履行后才能确定最终的股票发行价格。例如投资方以3000万元对目标企业增资获取注册资本为600万元所对应的股权，投资方认购股权的发行价格包括两部分：600万元计入注册资本，属于履行确定的出资义务；2400万元附条件归入资本公积，属于附条件的出资义务，即在对赌目标实现时，完全归属于目标公司，未实现对赌目标时，在现金补偿款额度范围内的返回给投资方，扣除现金补偿款后归属于目标公司。

（4）在溢价增资的额度内对投资方进行补偿不损害目标公司、公司债权人和其他股东的利益。由于股权的价值本质是对目标公司未来盈利的估值，这一估值在投资时并不准确，会出现估值过高和过低的问题，因此需要根据对赌目标是否实现对估值进行调整。例如，投资方以3000万元换取注册资本600万元的股权，股本溢价达400%，2400万附条件计入资本公积。2400万元系附条件归属公司所有。如果未实现对赌目标，对股权的价值进行重新调整，2400万元不转为公司所有，不存在损害公司利益的问题。如实现对赌目标，投资方获取的股权的价值不存在调整的问题，溢价增资部分2400万元确定归属于目标公司，则公司、公司的股东及公司债权人均受益，所以在溢价增资的额度内进行现金补偿并不损害公司、债权人和其他股东的利益。

（5）现金补偿条款是否损害了目标公司及其股东、债权人的利益，不宜脱离履行的实际情况来判断，应结合目标公司的财务状况进行分析。例如，在某案件中，目标公司2009年的所有者权益为252929736.39元，股东股本为231900000元，每1元出资对应的权益为1.09元，2011年的所有者权益为1615740664.58元，股东股本为479000000元，每1元出资对应的权益为3.37元，按照对赌协议的约定目标公司应补偿投资方现金197900664.58元，即使对投资方的现金补偿约定全部履行，扣减补偿金后，每1元对应的权益为2.96元。相比2009年度的财务状况，公司和股东的状况都得到改善，利益并没有受到损害。而2011年目标公司的对外负债是3299950170.1元，公司资产是4915690834.68元，即使对投资人支付了现金补偿款，公司债权人仍能得到全额清偿。因此，现金补偿条款并未损害目标公司及其债权人的合法权益。

五、债券持有人会议

（1）公开发行公司债券的，应当为同期债券持有人设立债券持有人会议，并在债券募集办法中对债券持有人会议的召集程序、会议规则和其他重要事项做出规定。债券持有人会议可以对与债券持有人有利害关系的事项做出决议。除公司债券募集办法另有约定外，债券持有人会议决议对同期全体债券持有人发生效力。

（2）公开发行公司债券的，发行人应当为债券持有人聘请债券受托管理人，由其为债券持有人办理受领清偿、债权保全、与债券相关的诉讼以及参与债务人破产程序等事项。

（3）债券受托管理人应当勤勉尽责，公正履行受托管理职责，不得损害债券持有人利益。

（4）受托管理人与债券持有人存在利益冲突可能损害债券持有人利益的，债券持有人会议可以决议变更债券受托管理人。

（5）债券受托管理人违反法律、行政法规或者债券持有人会议决议，损害债券持有人利益的，应当承担赔偿责任。

习题精练

一、单项选择题

1. 公司发行债券，累计债券余额不超过公司净资产的（　　）。
　　A. 10%　　　　　　　B. 20%　　　　　　　C. 30%　　　　　　　D. 40%

2. 有限责任公司发行债券，其净资产不低于人民币（　　）元。
　　A. 1000 万元　　　B. 3000 万元　　　C. 6000 万元　　　D. 8000 万元

3. 根据我国公司法的规定，只有（　　）才可以申请发行可转换公司债。
　　A. 有限责任公司　　B. 股份有限公司　　C. 合伙企业　　　D. 上市公司

二、多项选择题

1. 公司债券的具有以下特点（　　）。
　　A. 公司债券是由股份有限公司和有限责任公司发行的债券
　　B. 公司债券是公司以借贷方式向公众筹集资金，具有利率固定、风险较小、易于吸引投资者的优点
　　C. 公司债券是一种要式证券，其制作必须遵照公司法的规定，记载公司名称、债券票面金额、利率、偿还期限等事项，并由法定代表人签名，公司盖章
　　D. 公司债券是一种有价证券
　　E. 公司债券持有人具有广泛性，可以向社会公众公开募集

2. 公司债的性质为民法上的（　　）。
　　A. 合同之债　　　　　　　　　　B. 侵权之债
　　C. 单一之债　　　　　　　　　　D. 多数之债
　　E. 金钱之债

3. 记名公司债券应当公司债券存根簿上载明下列事项（　　　）
   A. 债券持有人的姓名或者名称及住所
   B. 债券持有人取得债券的日期及债券的编号
   C. 债券总额，债券的票面金额、利率、还本付息的期限和方式
   D. 债券的发行日期
   E. 债券的作废日期

4. 公开发行公司债券筹集的资金（　　　）。
   A. 必须用于核准的用途　　　　　　　　B. 不得用于弥补亏损
   C. 可以用于弥补亏损　　　　　　　　　D. 不得用于非生产性支出
   E. 可以用于非生产性支出

三、名词解释

公司债券。

四、简答题

1. 公司债券的特点是什么？
2. 公司发行公司债券的程序什么？

项目十

公司财务、会计

【知识目标】

1. 掌握减资、撤资如何进行税务处理。

2. 熟悉公司收益分配顺序。

【能力目标】

1. 掌握会计的基本职能，如核算、监督、分析、预测、决策等。

2. 理解资产负债表、利润表和现金流量表的基本结构和编制原理。

【素质目标】

1. 熟悉财务报表分析的基本方法。

2. 熟悉财务战略规划的实施和监控方法，确保企业战略目标的实现。

任务一 公司的财会制度

一、公司财务会计概述

《公司法》第二百零七条："公司应当依照法律、行政法规和国务院财政部门的规定建立本公司的财务、会计制度。"依此规定，公司均应当按照公司法、会计法和经国务院批准财政部颁布的《企业财务通则》《企业会计准则》，建立本公司的财务、会计制度。

公司财务会计制度主要包括两个内容：一是财务会计报告制度，即公司应当依法编制财务会计报表和制作财务会计报告。二是收益分配制度，即公司的年度分配，应当依照法律规定及股东会的决议，将公司利润用于缴纳税款、提取公积金和公益金以及进行红利分配。

公司应当聘用会计师事务所承办公司的审计业务。公司聘用、解聘承办公司审计业务的会计师事务所，按照公司章程的规定，由股东会、董事会或者监事会决定。公司股东会、董事会或者监事会就解聘会计师事务所进行表决时，应当允许会计师事务所陈述意见。公司应当向聘用的会计师事务所提供真实、完整的会计凭证、会计账簿、财务会计报告及其他会计资料，不得拒绝、隐匿、谎报。公司除法定的会计账簿外，不得另立会计账簿。对公司资金，不得以任何个人名义开立账户存储。

▶ 实务精讲

减资、撤资如何进行税务处理？

需要区分个人股东减资和法人股东减资。

（一）个人股东减资撤资

1. 撤资收回金额>投资成本

需要交税，按照"财产转让所得"项目缴纳个人所得税。

应纳税所得额=个人取得的股权转让收入-原实际出资额（投入额）及相关税费

注意：

（1）股权收入是全口径收入，既包括股权转让价款，也包括赔偿金、违约金等价外收入。

（2）对非法人企业投资份额转让，比照股权转让进行个人所得税处理。

2. 撤资收回金额偏低却无正当理由的

税务局有权核定股权转让收入，计算缴纳个人所得税。

撤资收回金额<投资成本，但有正当理由

无须缴纳个人所得税。

解析：小梅和小松是梅松公司的股东，注册资本和实收资本均是100万元，各占比50%，截至目前公司未分配利润1000万元，现在小梅要减资50万元，有正当理由。如何账务处理？减资是否涉及个税？

账务处理：

借：实收资本-小梅 　　　　　　　　　　　　　　　　　50万元

贷：银行存款 　　　　　　　　　　　　　　　　　　　　50万元

提醒：

由于小梅的撤资所得并没有超过公司初始投资成本，因此小梅减资不涉及个税。

（二）法人股东撤资减资

情形	企业所得税确认	是否交税
相当于初始出资的部分	确认为投资收回	免税
相当于被投资企业累计未分配利润和累计盈余公积公积按减少实收资本比例计算的部分	确认为股息所得	免税
其余部分	确认为投资资产转让所得	交税

解析：A公司和B公司分别出资400万元、600万元注册成立了实收资本1000万元的C公司，由于各种原因，A公司从C公司依程序撤资，取得现金500万元，撤资时C公司的未分配利润80万元、盈余公积公积20万元，资本公积150万元，如何账务处理？A公司撤资是否涉及企业所得税问题？

1. 账务处理：

借：实收资本－甲公司　　　　　　　　　　　　　　　400万元

　　　资本公积　　　　　　　　　　　　　　　　　　100万元

贷：银行存款　　　　　　　　　　　　　　　　　　　500万元

2. 企业所得税问题：

A公司从C公司撤回的资产分为3部分：

（1）相当于初始出资的部分，应确认为投资收回400万元，没有企业所得税。

（2）相当于被投资企业累计未分配利润和累计盈余公积按减少实收资本比例计算的部分，100×40%＝40万，应确认为股息所得，免征企业所得税。

（3）其余部分确认为投资资产转让所得，需要缴纳企业所得税。

A公司应纳企业所得税＝（500－400－40）×25×%＝15万元。

二、公司的财务会计报告

公司应当在每一会计年度终了时编制财务会计报告，并依法经会计师事务所审计。财务会计报告应当依照法律、行政法规和国务院财政部门的规定制作。

有限责任公司应当按照公司章程规定的期限将财务会计报告送交各股东。股份有限公司的财务会计报告应当在召开股东会年会的二十日前置备于本公司，供股东查阅；公开发行股份的股份有限公司应当公告其财务会计报告。

1. 公司财务会计报告的内容

（1）资产负债表。这是反映公司在某一特定日期财务状况的报表。它是根据"资产＝负债+所有者权益"这一会计公式，按照资产、负债和所有者权益分项列示并编制而成的。资产负债表为人们提供公司一定时期的静态的财务状况，可以使人们了解公司在某一特定时点上的资本构成、公司的负债以及投资者拥有的权益。由此可以评价公司的变现能力和偿债能力，考核公司资本的保值增值情况，预测公司未来的财务状况变动趋势。

（2）损益表。损益表又称利润表，是反映公司一定期间的经营成果及其分配情况的报表。损益表向人们提供一定期间内动态的公司营业盈亏的实际情况、人们可以利用该表分析公司利润增减变化的原因，评价公司的经营成果和投资的价值，判断公司的盈利能力和未来一定时期内的盈利趋势。

（3）财务状况变动表。财务状况变动表是综合反映公司一定会计期间内营运资金来源、运用及其增减变动情况的报表。财务状况变动表向人们提供公司在一定会计期间内财务状况变动的全貌，说明资金变化的原因。人们通过分析财务状况变动表，了解公司流动资金流转情况，判断公司经营管理水平的高低。

（4）财务情况说明书。财务情况说明书是对财务会计报表所反映的公司财务状况做进一步说明和补充的文书。它主要说明公司的营业情况、利润实现和分配情况、资金增减和周转情况、税金缴纳情况、各项财产物资变动情况、对本期或者下期财务状况发生重大影响的事项以及需要说明的其他事项。

（5）利润分配表。利润分配表是反映公司利润分配和年末未分配利润情况的报表。它是损益表的附属明细表。利润分配表通常按税后利润、可供分配利润、未分配利润分项列示。

2. 公司财务会计报告的提供

公司财务会计报告制作的主要目的，是向有关人员和部门提供财务会计信息，满足有关各方了解公司财务状况和经营成果的需要。因此，公司的财务会计报告应及时报送有关人员和部门。有限责任公司应当按照公司章程规定的期限将财务会计报告送交各股东。股份有限公司的财务会计报告应当在召开股东大会年会的 20 日以前置备于本公司，供股东查阅。以募集设立方式成立的股份有限公司必须公告其财务会计报告。依照有关法律的规定，公司财务会计报告要报送国家有关行政部门，以接受其管理和监督，如报送财政部门或其他有关部门。

▶ **实务精讲** ┈┈┈

公司财务会计

粉装股份有限公司属于发起设立的股份公司，注册资本为人民币 500 万元，公司章程规定每年 4 月 1 日召开股东大会年会。粉装公司管理混乱，自 2024 年起，陷入亏损境地。2024 年 2 月，部分公司股东要求查阅财务账册遭拒绝。2024 年股东大会年会召开，股东们发现公司财务会计报表不向他们公开，理由是公司的商业秘密股东们无需知道。

经股东们强烈要求，公司才提供了一套财务报表，包括资产负债表和利润分配表。

股东大会年会闭会后，不少股东了解到公司提供给他们的财务报表与送交市场监督管理部门、税务部门的不一致，公司对此的解释是送交有关部门的会计报表是为应付检查的，股东们看到的才是真正的账册。

问：根据《公司法》的规定，粉装公司的操作是否合法？

【答案解析】

《公司法》规定，股份有限公司应当将财务会计报告置备于本公司，供股东查阅。

《公司法》规定公司股东有权查阅公司的财务会计报告。

据相关会计法规，公司应当在每一会计年度终了时制作财务会计报告（最迟应在次年的 4 月 30 日前制作完成并提交有关主体）

公司的财务会计报告应当包括下列财务会计报表及附属明细表。

（1）资产负债表。

（2）损益表。

（3）财产状况变动表。

（4）财务情况说明书。

（5）利润分配表。

公司除法定的财务会计账册外，不得另立会计账册。

本案中，粉装股份有限公司所犯的错误有以下几条。

（1）拒绝股东查阅公司财务会计报表，剥夺了股东的法定权利。

（2）未将财务会计报表置备于本公司，供股东查阅。

（3）财务会计报表不完整，缺少损益表、财务状况变动表和财务情况说明书。

（4）公司除法定的会计账册外，又另立会计账册。

任务二 公司的收益分配制度

一、公司收益分配顺序

1. 税后利润分配规定的法定顺序

依照我国公司法的相关规定，公司当年税后利润分配规定的法定顺序如下。

（1）弥补亏损，即在公司已有的法定公积金不足以弥补上一年度公司亏损时，先用当年利润弥补亏损。

（2）提取法定公积金，即应当提取税后利润的 10% 列入公司法定公积金；公司法定公积金累计额为公司注册资本的 50% 以上的，可以不再提取。

（3）提取任意公积金，即经股东会或股东大会决议，提取任意公积金，任意公积金的提取比例由股东会或者股东大会决定。任意公积金不是法定必须提取的，是否提取以及提取比例由股东会或股东大会决议。

（4）支付股利，即在公司弥补亏损和提取公积金后，所余利润应分配给股东，即向股东支付股息。

2. 股东利润的分配

分配利润是公司股东最重要的权利，也是股东投资公司的目的所在。股东从公司所分配的利润称为红利、股利或股息。

公司只能弥补亏损和提取法定公积金后，才能将所余利润分配于股东。这表明，公司向股东分配股利，必须以有这种盈余为条件。

股份有限公司的股东原则上依其所持有的股份比例分配红利。但股东可以通过公司章程规定不按持股比例分配红利。如果股份公司的公司章程规定了红利分配方法，依其规定分配。

公司如果在弥补亏损和提取法定公积金之前即向股东分配红利的，属于违反公司法的行为，股东应当将其分配的利润退还给公司。

公司向股东支付红利的方式一般有以下两种，即现金支付和股份分派（也称为分配红股），由股东会或者股东大会决定具体采用哪种方式。现金支付和分配红股可以同时使用，即股东的红利一部分以现金方式支付给股东，一部分分配红股。

公司持有的本公司股份不得分配利润。

《公司法》第二百一十一条："公司违反公司法规定向股东分配利润的，股东应当将违反规定分配的利润退还公司；给公司造成损失的，股东及负有责任的董事、监事、高级管理人员应当承担赔偿责任。"

《公司法》第二百一十二条："股东会做出分配利润的决议的，董事会应当在股东会决议做出之日起六个月内进行分配。"

二、提取公积金

公积金又称储备金，包括法定公积金和任意公积金，是指公司为增强自身财产能力，扩大生产经营和预防意外亏损，依法从公司利润中提取的一种款项。

公司分配当年税后利润时，应当提取利润的百分之十列入公司法定公积金。公司法定公积金累计额为公司注册资本的百分之五十以上的，可以不再提取。

公司的法定公积金不足以弥补以前年度亏损的，在依照前款规定提取法定公积金之前，应当先用当年利润弥补亏损。

公司从税后利润中提取法定公积金后，经股东会决议，还可以从税后利润中提取任意公积金。

公司弥补亏损和提取公积金后所余税后利润，有限责任公司按照股东实缴的出资比例分配利润，全体股东约定不按照出资比例分配利润的除外；股份有限公司按照股东所持有的股份比例分配利润，公司章程另有规定的除外。

公司持有的本公司股份不得分配利润。

公积金主要用于弥补公司的亏损、扩大公司生产经营或者转为增加公司注册资本。公积金弥补公司亏损，应当先使用任意公积金和法定公积金；仍不能弥补的，可以按照规定使用资本公积金。法定公积金转为增加注册资本时，所留存的该项公积金不得少于转增前公司注册资本的百分之二十五。

公司以超过股票票面金额的发行价格发行股份所得的溢价款、发行无面额股所得股款未计入注册资本的金额以及国务院财政部门规定列入资本公积金的其他项目，应当列为公司资本公积金。

▶ **实务精讲**

之前公司是认缴制，现在转让股权，能否 0 元或者低价转让？

王总所在的有限责任公司，其 100%控股，注册资金 1000 万元，全部属于认缴，也就是实收资本 0 元。经过 2 年经营，截至目前未分配利润 1000 万元，也就是净资产 1000 万元。现在要股权转让给刘总，股东决议中标明的转让价格 0 元。

请问：该股权转让价格 0 元是否合法？

答：0 元价格不合法，需要核定股权转让收入。计算方法如下：

1. 股权对应的净资产公允价值份额＝1000 万元 100%＝1000 万元

2. 因此核定股权转让收入＝1000 万元

习题精练

一、单项选择题

1. 公司应当聘用（　　）承办公司的审计业务。

   A. 会计师事务所　　　　　　　　B. 审计事务所

   C. 税务事务所　　　　　　　　　D. 律师事务所

2. 对公司资金，（　　）。

   A. 不得以任何个人名义开立账户存储

   B. 不得以公司名义开立账户存储

   C. 可以以个人名义开立账户存储

   D. 可以以法定代表人名义开立账户存储

3. 提取法定公积金，应当提取（　　）列入公司法定公积金；

   A. 提取税前利润的 10%　　　　　B. 提取税后利润的 10%

   C. 提取税后利润的 20%　　　　　D. 提取税前利润的 20%

4. 公司法定公积金累计额为公司注册资本的（　　）以上的，可以不再提取。

   A. 30%　　　　　　　　　　　　B. 40%

   C. 50%　　　　　　　　　　　　D. 60%

5. 股东会做出分配利润的决议的，董事会应当在股东会决议做出之日起（   ）内进行分配。

A. 一个月   B. 两个月

C. 三个月   D. 六个月

二、多项选择题

1. 公司应当依照法律、行政法规和国务院财政部门的规定建立本公司的（   ）制度。

A. 财务制度   B. 财经制度

C. 会计制度   D. 审计制度

E. 审查制度

2. 公司的年度分配，应当依照法律规定及股东会的决议，将公司利润用于（   ）以及进行红利分配。

A. 缴纳税款   B. 缴纳罚款

C. 提取公积金   D. 提取公益金

E. 进行红利分配

3. 公司违反公司法规定向股东分配利润的，股东应当将违反规定分配的利润退还公司；给公司造成损失的（   ）应当承担赔偿责任。

A. 股东

B. 负有责任的董事

C. 负有责任的监事

D. 负有责任高级管理人员

E. 法定代表人

三、实务题

小梅和小松是梅松公司的股东，注册资本和实收资本均是 100 万元，各占比 50%，截至目前公司未分配利润 1000 万元，现在小梅要减资 50 万元，如何账务处理？

四、简答题

公司收益分配顺序。

项目十一

公司合并、分立、增资、减资

任务一　公司的形态变化

一、公司合并

（一）公司合并的概念与种类

公司合并是指两个或两个以上的公司、订立合并协议、依照公司法的规定、不经过清算程序、直接结合为一个公司的法律行为。公司合并有两种形式：一是吸收合并，是指一个公司吸收其他公司后存续，被吸收的公司解散。二是新设合并，是指两个或两个以上的公司合并设立一个新的公司，合并各方解散。

《公司法》第二百一十八条："公司合并可以采取吸收合并或者新设合并。一个公司吸收其他公司为吸收合并，被吸收的公司解散。两个以上公司合并设立一个新的公司为新设合并，合并各方解散。"

（二）合并的程序

（1）公司与其持股百分之九十以上的公司合并，被合并的公司不需经股东会决议，但应当通知其他股东，其他股东有权请求公司按照合理的价格收购其股权或者股份。公司合并支付的价款不超过本公司净资产百分之十的，可以不经股东会决议；但是，公司章程另有规定的除外。公司依照前两款规定合并不经股东会决议的，应当经董事会决议。

（2）公司合并，应当由合并各方签订合并协议，并编制资产负债表及财产清单。公司应当自做出合并决议之日起十日内通知债权人，并于三十日内在报纸上或者国家企业信用信息公示系统公告。债权人自接到通知之日起三十日内，未接到通知的自公告之日起四十五日内，可以要求公司清偿债务或者提供相应的担保。

（3）公司合并时，合并各方的债权、债务，应当由合并后存续的公司或者新设的公司承继。市场集中程度取决于许多复杂因素，如公司规模、市场容量规模、行业壁垒高度以及横向并购的自由度。通常人们认为，公司的规模和市场容量是决定市场集中度的主要因素。首先，如果一个行业的市场容量保持不变，一些公司的比例越高，市场集中度就越高。总的来说，扩张公司有内在的冲动。为了实现规模经济，公司尝试降低单位产品的销售成本，扩大生产规模，增加市场份额，在行业中形成一定的垄断力量，从而为获取垄断利润创造条件。公司规模的扩大经常被公众看作企业家能力的标志，扩大公司规模将成为企业家的积极追求。技术进步是企业规模扩大的重要推动力。技术进步的突出表现是新的机器设备、新的生产工艺的使用，这使得生产效率大大提高，企业规模也因此而迅速扩大。特别是，在一定的时间期限内独家技术进步很可能使公司的规模扩大，加快公司的成长尽管是为了保持经济的活力，但许多国家都会制定反垄断法规，对大规模的企业联合和兼并行为进行限制。但是，经济全球化使每一个国家的企业都要面临不同国家同类企业的竞争，为了提高国内企业的国际竞争力，政府应该放松对企业并购的限制，甚至采取措施建立具有较强竞争力的巨型跨国公司。其次，市场容量的变化会影响相反方向的市场集中度。通常情况下，当市场容量减少或没有改变时，大公司会试图加强并购以获得更大的市场垄断力量来取得更多的收益。相反，市场容量增长将有助于降低市场集中度。当然，当市场容量扩大，大企业都处于竞争的优势地位时往往会获得扩张的最有利时机。如果市场容量的增长速度比大企业高，那么市场集中度可能会减少。这导致市场容量的变化在很大程度上取决于经济发展的步伐、居民收入水平和消费结构的变化以及国家的宏观经济政策。

二、公司分立

（一）公司分立的概念与种类

公司分立是指一个公司通过依法签订分立协议，不经过清算程序，分为两个或两个以上公司的法律行为。公司分立有两种形式：一是派生分立，是指公司以其部分资产另设一个或数个新的公司，原公司存续；二是新设分立，是指公司全部资产分别划归两个或两个以上的新公司，原公司解散。

（二）分立的程序

（1）公司分立，其财产作相应的分割。公司分立，应当编制资产负债表及财产清单。公司应当自做出分立决议之日起十日内通知债权人，并于三十日内在报纸上或者国家企业信用信息公示系统公告。

（2）公司分立前的债务由分立后的公司承担连带责任。但是，公司在分立前与债权人就债务清偿达成的书面协议另有约定的除外。

▶ 实务精讲

公司分立

天北有限责任公司是一家经营家具批发的有限责任公司，由于市场不景气，加上股东内耗严重，公司负债累累。在一次股东会议上，股东李彩虹提议将天北公司分立为两个公司，一个叫天南有限责任公司，另一个叫海北有限公司，由天南公司利用老天北公司的净资产，由海北公司承担老天北公司的债务。

该提议被股东大会一致通过，天北公司分立为天南与海北两家公司，天南公司利用老天北分司的净资产，海北公司承担老天北公司所有债务。分立各方办理了相应的登记注销手续。不久，老天北公司的债权人东方有限公司找上门来，发觉海北公司资不抵债，要求天南公司承担连带债务，天南公司拿出分立协议书，拒不偿还东方公司的债务。

问：

（1）按照《公司法》的规定，南北公司的分立程序合法吗？

（2）如何看待本案中分立协议书的效力？

【解析】

（1）公司分立是指一个公司依照有关法律、法规规定分成两个或两个以上公司的法律行为。公司分立，不仅是公司自身的事情，而且关系到进行分立的公司的股东及债权人利益，因此法律明确规定了分立的相关程序，只有按法定程序分立才产生法律效力。

我国《公司法》规定，公司分立，其财产做相应的分割。公司分立时，应当编制资产负债表及财产清单，公司应当自做出分立决议之日起10日内通知债权人，并于30日内在报纸上公告。公司分立前的债务由分立后的公司承担连带责任（分立前与债权人就债务清偿另有约定的除外）。天北公司在分立过程中既没有编制资产负债及财产清单，也没有履行债权人保护程序，也没有与债权人达成什么协议，因此该分立行为无效。

（2）本案中，天北公司分立为天南公司与海北公司，目的是逃避债务，而且该分立行为程序违法，分立无效，那么该分立协议书也应无效。

任务二　公司的资产变化

一、公司减资

（一）减资程序

（1）公司减少注册资本，应当编制资产负债表及财产清单。

（2）公司应当自股东会做出减少注册资本决议之日起十日内通知债权人，并于三十日内在报纸上或者国家企业信用信息公示系统公告。债权人自接到通知之日起三十日内，未接到通知的自公告之日起四十五日内，有权要求公司清偿债务或者提供相应的担保。

（3）公司减少注册资本，应当按照股东出资或者持有股份的比例相应减少出资额或者股份，法律另有规定、有限责任公司全体股东另有约定或者股份有限公司章程另有规定的除外。

《公司法》第二百二十五条："公司依照公司法第二百一十四条第二款的规定弥补亏损后，仍有亏损的，可以减少注册资本弥补亏损。

减少注册资本弥补亏损的，公司不得向股东分配，也不得免除股东缴纳出资或者股款的义务。依照前款规定减少注册资本的，不适用前条第二款的规定，但应当自股东会做出减少注册资本决议之日起三十日内在报纸上或者国家企业信用信息公示系统公告。公司依照前两款的规定减少注册资本后，在法定公积金和任意公积金累计额达到公司注册资本百分之五十前，不得分配利润。"

（二）法律责任

违反公司法规定减少注册资本的，股东应当退还其收到的资金，减免股东出资的应当恢复原状；给公司造成损失的，股东及负有责任的董事、监事、高级管理人员应当承担赔偿责任。

▶ 实务精讲

注册资金太大，是否允许减资？

当然允许减资。但是要遵循严格的手续并注意以下内容。

（1）公司减少注册资本，必须召开股东大会，经代表三分之二以上表决权的股东通过。

（2）需要编制资产负债表及财产清单便于清楚地知道债权人名单及金额，进行逐一书面通知并公告，告知减资方案。

（3）根据债权人的要求清偿债务或提供担保，以满足债权人的法定权利。

（4）不得违法减资。

二、公司增资

（1）有限责任公司增加注册资本时，股东在同等条件下有权优先按照实缴的出资比例认缴出资。但是，全体股东约定不按照出资比例优先认缴出资的除外。

（2）股份有限公司为增加注册资本发行新股时，股东不享有优先认购权，公司章程另有规定或者股东会决议决定股东享有优先认购权的除外。

（3）有限责任公司增加注册资本时，股东认缴新增资本的出资，依照公司法设立有限责任公司缴纳出资的有关规定执行。

（4）股份有限公司为增加注册资本发行新股时，股东认购新股，依照公司法设立股份有限公司缴纳股款的有关规定执行。

习题精练

一、单项选择题

1. 公司合并支付的价款不超过本公司净资产（　　）的，可以不经股东会决议。

　　A. 百分之十　　　　　　　　　　　B. 百分之二十

　　C. 百分之三十　　　　　　　　　　D. 百分之四十

2. 公司应当自做出合并决议之日起（　　）内通知债权人。

　　A. 十日　　　　　　　　　　　　　B. 十五日

　　C. 三十日　　　　　　　　　　　　D. 六十日

3. 公司分立前的债务由分立后的公司承担（　　）责任。

　　A. 合同责任　　　　　　　　　　　B. 违约责任

　　C. 侵权责任　　　　　　　　　　　D. 连带责任

二、多项选择题

1. 减少注册资本弥补亏损的，公司（　　）。

　　A. 不得向股东分配利润　　　　　　B. 可以向股东分配利润

　　C. 不得免除股东缴纳出资的义务　　D. 可以免除股东缴纳出资的义务

　　E. 不得免除股东缴纳股款的义务

三、名词解释

1. 公司合并。

2. 公司分立。

3. 吸收合并。

4. 新设合并。

四、简答题

1. 公司减资的程序？

2. 注册资金太大，是否允许减资？

公司解散和清算

　　公司解散和清算是一个复杂而重要的过程，需要遵守法律法规和道德规范，确保程序合法、公正、公平，以保障公司和债权人的合法权益。同时，也需要防范潜在的法律风险，避免产生不必要的法律纠纷和经济损失。公司的解散是指已成立的公司基于一定的合法事由而使公司消灭的法律行为。

任务一　公司解散

一、公司解散的原因

公司解散的原因有三大类：一类是一般解散的原因；一类是强制解散的原因；一类是

股东请求解散。

公司因下列原因解散：

（1）公司章程规定的营业期限届满或者公司章程规定的其他解散事由出现。

（2）股东会决议解散。

（3）因公司合并或者分立需要解散。

（4）依法被吊销营业执照、责令关闭或者被撤销。

（5）人民法院依照公司法第二百三十一条的规定予以解散。

公司出现前款规定的解散事由，应当在十日内将解散事由通过国家企业信用信息公示系统予以公示。

《公司法》第二百三十条："公司有前条第一款第一项、第二项情形，且尚未向股东分配财产的，可以通过修改公司章程或者经股东会决议而存续。依照前款规定修改公司章程或者经股东会决议，有限责任公司须经持有三分之二以上表决权的股东通过，股份有限公司须经出席股东会会议的股东所持表决权的三分之二以上通过。"

公司经营管理发生严重困难，继续存续会使股东利益受到重大损失，通过其他途径不能解决的，持有公司百分之十以上表决权的股东，可以请求人民法院解散公司。

二、公司解散的实务

公司解散的实务操作涉及一系列法定步骤和程序，必须严格遵循相关法律法规，以确保公司解散的合法性和有效性。

（一）前期准备

（1）确认公司解散原因。公司解散的原因可能包括公司章程规定的营业期限届满、公司合并或分立、股东会或股东大会决议解散、依法被吊销营业执照等。

（2）确认公司资产、负债情形。根据《公司法》规定，如果公司财产不足清偿债务，应依法向人民法院申请宣告破产，而不是自行清算。因此，在解散前，必须确认公司资产是否足以清偿全部债务。

（3）聘请会计师事务所进行审计。为确保解散的合法性，建议聘请会计师事务所进行以公司清算为目的的财务报表编制或专项审计。

（二）股东会决议

（1）召开股东会。股东会是公司最高权力机构，有权决定公司解散。在召开股东会时，应确保符合公司章程规定的表决权比例。

（2）形成解散决议。股东会应就公司解散形成决议，并明确解散的具体原因、时间、清算组成员及负责人等事项。

（三）成立清算组

（1）确定清算组成员。清算组由股东组成，也可由依法设立的律师、会计师等专业人员组成。清算组成员应具备专业知识和经验，以确保清算工作的顺利进行。

（2）清算组职责。清算组在清算期间行使以下职权：清理公司财产、编制资产负债表和财产清单；通知、公告债权人；处理与清算有关的公司未了结的业务；清缴所欠税款及清算过程中产生的税款；清理债权、债务；处理公司清偿债务后的剩余财产；代表公司参与民事诉讼活动。

（四）通知债权人

（1）公告与通知。清算组应在成立之日起十日内通过国家企业信用信息公示系统公告清算组成员、清算组负责人名单，并通知已知债权人申报债权。

（2）债权申报。债权人应在规定期限内申报债权，清算组应对申报的债权进行登记和审核。

（五）清算财产与债务

（1）编制资产负债表和财产清单。清算组应清理公司财产，编制资产负债表和财产清单。

（2）制定清算方案。清算组应根据公司资产状况、债权债务情况制定清算方案，并报股东会确认。

（3）清偿债务。清算组应按照法定顺序清偿债务，包括职工工资、社会保险费用、法定补偿金等。

（六）制定与确认清算报告

（1）编制清算报告。清算结束后，清算组应编制清算报告，对清算工作进行全面总结和回顾。

（2）确认清算报告。清算报告应报股东会确认，确保其合法性和公正性。

（七）办理注销登记

（1）提交材料。清算组应向公司登记机关提交注销登记申请书、依法作出解散、注销的决议或决定、清算报告、负责清理债权债务的文件或清理债务完结的证明、税务部门出具的清税证明等材料。

（2）注销登记。经公司登记机关核准后，公司终止，并公告公司终止。

（八）注意事项

（1）避免开展新经营活动。在清算期间，公司存续但不得开展与清算无关的经营活动。

（2）保护债权人利益。清算过程中应确保债权人利益得到充分保护，避免损害债权人合法权益。

（3）法律责任。清算组成员应忠实履行职责，如因故意或重大过失给公司或债权人造成损失的，应承担相应的法律责任。

综上所述，公司解散的实务操作涉及多个环节和步骤，必须严格按照法律法规进行。在操作过程中，应注重保护债权人利益、确保清算工作的合法性和公正性。

▶ **实务精讲** ⋯⋯⋯⋯⋯⋯⋯⋯⋯⋯⋯⋯⋯⋯⋯⋯⋯⋯⋯⋯⋯⋯⋯⋯⋯⋯⋯

公司资不抵债

案例：某公司因经营不善而解散，清算过程中发现公司资产不足以清偿债务，债权人如何维权？

解析：根据《公司法》的规定，若公司资产不足以清偿债务，债权人可以向法院申请破产清算。

在破产清算过程中，债权人可以通过法定程序维护自己的权益。

任务二　公司清算

一、公司清算流程

（一）成立清算组

（1）《公司法》第二百三十二条："公司因公司法第二百二十九条第一款第一项、第二项、第四项、第五项规定而解散的，应当清算。董事为公司清算义务人，应当在解散事由出现之日起十五日内组成清算组进行清算。清算组由董事组成，但是公司章程另有规定或者股东会决议另选他人的除外。清算义务人未及时履行清算义务，给公司或者债权人造成损失的，应当承担赔偿责任。"

（2）《公司法》第二百三十三条："公司依照前条第一款的规定应当清算，逾期不成立清算组进行清算或者成立清算组后不清算的，利害关系人可以申请人民法院指定有关人员组成清算组进行清算。人民法院应当受理该申请，并及时组织清算组进行清算。公司因公司法第二百二十九条第一款第四项的规定而解散的，做出吊销营业执照、责令关闭或者撤销决定的部门或者公司登记机关，可以申请人民法院指定有关人员组成清算组进行清算。"

（二）清算组职权

清算组在清算期间行使下列职权。

（1）清理公司财产，分别编制资产负债表和财产清单。

（2）通知、公告债权人。

（3）处理与清算有关的公司未了结的业务。

（4）清缴所欠税款以及清算过程中产生的税款。

（5）清理债权、债务。

（6）分配公司清偿债务后的剩余财产。

（7）代表公司参与民事诉讼活动。

（三）清算程序

（1）清算组应当自成立之日起十日内通知债权人，并于六十日内在报纸上或者国家企业信用信息公示系统公告。债权人应当自接到通知之日起三十日内，未接到通知的自公告之日起四十五日内，向清算组申报其债权。

（2）债权人申报债权，应当说明债权的有关事项，并提供证明材料。清算组应当对债权进行登记。在申报债权期间，清算组不得对债权人进行清偿。

（3）清算组在清理公司财产、编制资产负债表和财产清单后，应当制订清算方案，并报股东会或者人民法院确认。

（4）公司财产在分别支付清算费用、职工的工资、社会保险费用和法定补偿金，缴纳所欠税款，清偿公司债务后的剩余财产，有限责任公司按照股东的出资比例分配，股份有限公司按照股东持有的股份比例分配。

（5）清算期间，公司存续，但不得开展与清算无关的经营活动。公司财产在未依照前款规定清偿前，不得分配给股东。

（四）法院破产清算

（1）清算组在清理公司财产、编制资产负债表和财产清单后，发现公司财产不足清偿债务的，应当依法向人民法院申请破产清算。

（2）人民法院受理破产申请后，清算组应当将清算事务移交给人民法院指定的破产管理人。

（五）清算组义务与责任

（1）清算组成员履行清算职责，负有忠实义务和勤勉义务。

（2）清算组成员怠于履行清算职责，给公司造成损失的，应当承担赔偿责任；因故意或者重大过失给债权人造成损失的，应当承担赔偿责任。

二、公司清算终结

（1）公司清算结束后，清算组应当制作清算报告，报股东会或者人民法院确认，并报送公司登记机关，申请注销公司登记。

（2）公司在存续期间未产生债务，或者已清偿全部债务的，经全体股东承诺，可以按照规定通过简易程序注销公司登记。简易程序注销有利于提升市场主体的退出效率，降低退出成本，减少僵尸企业数量，提高社会资源利用效率。

（3）通过简易程序注销公司登记，应当通过国家企业信用信息公示系统予以公告，公告期限不少于二十日。公告期限届满后，未有异议的，公司可以在二十日内向公司登记机关申请注销公司登记。

（4）公司通过简易程序注销公司登记，股东承诺不实的，应当对注销登记前的债务承担连带责任。

▶ **实务精讲** --

公司注销时，认缴的出资额需要补齐吗？

要分以下两种情况来看。

1. 没有债务

债权债务清理完毕没有未获得清偿的债务，不差钱，那可以直接申请注销，不需要补齐。

2. 有债务未清偿

办理注销时差欠到期债务不能清偿，债权人可以申请破产，按企业破产法规定，该出资额要加速到期，也就是必须补齐。

另外，按照公司法规定，公司解散时，股东尚未缴纳的出资均应作为清算财产，股东尚未缴纳的出资，包括到期应缴未缴的出资以及依照公司法规定分期缴纳尚未届满缴纳期限的出资。

总结： 公司注销时要不要补齐出资，主要是考虑公司对外负债清偿情况。也就是到期要补齐，没到期如果有债务未能清偿也要加速到期，如果没有债务也没有到期就不用补齐了。

（5）公司被吊销营业执照、责令关闭或者被撤销，满三年未向公司登记机关申请注销公司登记的，公司登记机关可以通过国家企业信用信息公示系统予以公告，公告期限不少于六十日。公告期限届满后未有异议的，公司登记机关可以注销公司登记。依照前款规定注销公司登记的，原公司股东、清算义务人的责任不受影响。该规定完善了我国的公司注销制度，为公司登记机关履行注销职责提供民事法律依据，有助于清理市场上大量已不具备经营资格的"名存实亡"企业，也有利于划清债权债务边界，及时追究股东或者清算义务人的法律责任。

（6）公司被依法宣告破产的，依照有关企业破产的法律实施破产清算。

▶ **实务精讲** --

公司解散

2025年3月，甲有限公司由于市场情况发生重大变化，如继续经营将导致公司惨重损失。

3月20日，该公司召开股东大会，以出席会议的股东所持表决权的半数通过决议解散公司。

4月15日，股东大会选任公司5名董事组成清算组。

清算组成立后于5月8日起正式启动清算工作，将公司解散及清算事项分别通知了有关的公司债权人，并于5月20日、5月31日分别在报纸上进行了公告，规定自公告之日起3个月内未向公司申报债权者，将不负清偿义务。

问：

(1) 该公司关于清算的决议是否合法？说明理由。

(2) 甲公司能否由股东会委托董事组成清算组？

(3) 该公司在清算中有关保护债权人的程序是否合法？

【解析】

(1) 该公司关于清算的决议不合法。根据我国《公司法》的规定，股份有限公司决议解散公司，须经出席股东大会的股东所持表决权的2/3以上的多数通过，但本案中，甲股份有限公司只以出席会议的股东所持表决权的半数通过决议解散公司，故该清算决议是不合法的。

(2) 按照我国《公司法》的规定，股份有限公司的清算组由董事或股东大会确定的人选组成。因此，在本案中，甲公司由股东大会选任清算人是有法律依据的。而且，在公司法实务中，股份有限公司清算组的组成，按照一般惯例，也大多确定由董事组成公司清算组。

(3) 该公司关于保护债权人的程序不合法，根据我国《公司法》的规定，股东大会决议解散公司的，应当在15日内成立清算组。清算组应当自成立之日起10日内通知债权人，并于60日内在报纸上公告。债权人应当自接到通知书之日起30日内、未接到通知书的自公告之日起45日内，向清算组申报债权。该公司在3月20日通过了股东大会决议，而至4月15日才成立清算组，整整迟了10天。另外，清算组成立后，应当立即着手公司清算工作，但迟至5月5日才正式启动清算工作，超过了自成立之日起10日内通知债权人的期限。再者，申报债权的期限3个月也不妥。

习题精练

一、单项选择题

1. 公司出现解散事由，应当在（　　）日内将解散事由通过国家企业信用信息公示系统予以公示。

A. 五日　　　　B. 十日　　　　C. 十五日　　　　D. 二十日

2. 公司经营管理发生严重困难，继续存续会使股东利益受到重大损失，通过其他途径不能解决的，持有公司（　　）以上表决权的股东，可以请求人民法院解散公司。

A. 百分之十　　B. 百分之二十　　C. 百分之三十　　D. 百分之四十

3. 清算组应当自成立之日起（　　）内通知债权人

　　A. 五日　　　　　　　B. 十日　　　　　　　C. 十五日　　　　　　D. 二十日

4. 公司清算结束后，清算组应当制作清算报告，报股东会或者人民法院确认，并报送公司登记机关，申请（　　）。

　　A. 撤销公司成立　　　　　　　　　　　B. 注销公司成立

　　C. 撤销公司登记　　　　　　　　　　　D. 注销公司登记

5. 通过简易程序注销公司登记，应当通过国家企业信用信息公示系统予以公告，公告期限不少于（　　）日。

　　A. 五日　　　　　　　B. 十日　　　　　　　C. 十五日　　　　　　D. 二十日

二、多项选择题

1. 公司因下列（　　）原因解散

　　A. 公司章程规定的营业期限届满或者公司章程规定的其他解散事由出现。

　　B. 股东会决议解散。

　　C. 因公司合并或者分立需要解散。

　　D. 依法被吊销营业执照、责令关闭或者被撤销。

　　E. 公司为逃避债务而解散。

2. 公司财产在分别支付（　　）清偿公司债务后的剩余财产，有限责任公司按照股东的出资比例分配，股份有限公司按照股东持有的股份比例分配。

　　A. 支付清算费用　　　　　　　　　　　B. 支付职工的工资

　　C. 支付职工的社会保险费用　　　　　　D. 支付职工的法定补偿金

　　E. 缴纳所欠税款

三、名词解释

　　公司的解散。

四、简答题

　　1. 清算组在清算期间的职权是什么？

　　2. 某公司因经营不善而解散，清算过程中发现公司资产不足以清偿债务，债权人如何维权？

项目十三

外国公司的分支机构

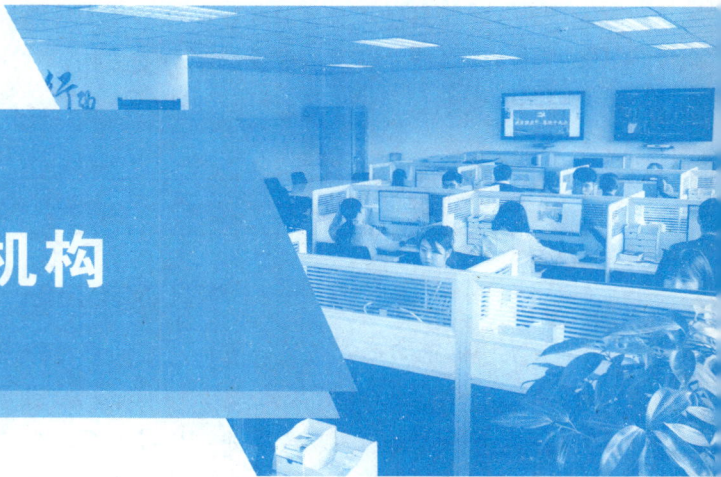

【知识目标】

1. 分支机构设立流程。

2. 外国公司分支机构的设立条件。

【能力目标】

1. 建立分支机构完善的管理体系。

2. 了解当地市场需求和竞争态势。

【素质目标】

1. 了解并遵守法律法规，完成分支机构的注册手续。

2. 对分支机构面临的风险进行识别和评估。

任务一　外国公司分支机构的理论

一、外国公司分支机构的概念

外国公司分支机构是指外国公司依照我国公司法在我国境内设立的从事生产经营活动的分支机构。所谓外国公司，依照我国公司法第二百四十三条的规定，是指依照外国法律在中华人民共和国境外设立的公司。外国公司本身不是我国公司法调整的对象，不是公司法的主体。公司法规制的是外国公司在我国境内设立的分支机构。

(1) 外国公司的分支机构应当在本机构中置备该外国公司章程。

(2) 外国公司在中华人民共和国境内设立的分支机构不具有中国法人资格。

（3）外国公司对其分支机构在中华人民共和国境内进行经营活动承担民事责任。

（4）经批准设立的外国公司分支机构，在中华人民共和国境内从事业务活动，应当遵守中国的法律，不得损害中国的社会公共利益，其合法权益受中国法律的保护。

▶ **实务精讲**

跨国公司 Inter public 集团

有一家著名的产值达一百亿美元的巨型跨国公司叫作 Interpublic 集团。1997 年，该公司成立了 Octagon 体育经销公司，Octagon 公司是一家在十五个国家拥有分支机构的跨国公司，主要经营媒介和广告服务。公司下有三个广告公司、一个世界上规模最大的媒介经营公司、一个公共关系机构。公司的业务范围涉及体育赛事广告经营、电视转播权的经营、英联邦运动会和板球世界杯赛的经营、一些著名运动员的代理、世界特技自行车系列赛的经营等多个领域。在全世界拥有 780 家公司、200 家报纸、一家出版社的默多克公司，从 1992 年开始涉足足球市场，通过经营英超联赛的电视转播权，取得商业上的巨大成功。埃托尼克公司为了保持在美国国内市场的竞争力并进一步向国际市场进军，2007 年看中了意大利乐途体育用品公司，并实现合并。乐途意大利体育用品是欧洲领先的足球鞋和网球鞋制造商，其销售网络覆盖全球 80 个国家。合并后，该公司的产品清单可涵盖高尔夫球鞋、跑鞋、步行鞋和保龄球鞋，并有机会在美国市场销售该公司的产品。

二、外国公司分支机构的设立

1. 外国公司分支机构的设立条件

外国公司可以在我国境内设立分支机构。在我国设立分支机构，应当具备以下条件。

（1）外国公司的证明文件。外国公司在中国境内申请设立分支机构，必须提交包括公司章程、所属国的公司登记证书等足以反映该公司真实情况和合法资格的证明文件。其公司章程，还应当置备于该分支机构，供随时查阅。

（2）分支机构的名称。外国公司分支机构的名称中，必须标明该外国公司的国籍及责任形式。

（3）分支机构的代表人或者代理人。外国公司必须在中国境内指定负责其分支机构的代表人或者代理人。该代表人或代理人的国籍不限。

（4）分支机构的经营资金。外国公司必须向其在中国境内的分支机构拨付与其所从事的经营活动相适应的资金。必要时，国务院可以规定外国公司分支机构经营资金的最低限额。

《公司法》第二百四十四条："外国公司在中华人民共和国境内设立分支机构，应当向中国主管机关提出申请，并提交其公司章程、所属国的公司登记证书等有关文件，经批

174

准后，向公司登记机关依法办理登记，领取营业执照。外国公司分支机构的审批办法曰国务院另行规定。"

《公司法》第二百四十五条："外国公司在中华人民共和国境内设立分支机构，应当在中华人民共和国境内指定负责该分支机构的代表人或者代理人，并向该分支机构拨付与其所从事的经营活动相适应的资金。对外国公司分支机构的经营资金需要规定最低限额的，由国务院另行规定。"

《公司法》第二百四十六条："外国公司的分支机构应当在其名称中标明该外国公司的国籍及责任形式。"

2. 外国公司分支机构的设立程序

对外国公司在我国境内设立分支机构，我国公司法采取的是审批主义，即须经批准才能设立。外国公司在中国境内设立分支机构，必须向中国的主管机关提出申请。目前受理申请的机关为商务部。申请时，应当提交以下证明文件：①该外国公司的公司章程、所属国的公司登记证书等有关文件；②该外国公司在中国境内指定的代表人或者代理人的姓名、住所及其有关身份证明文件；③该外国公司向其分支机构拨付经营资金的证明。

外国公司在中国境内设立分支机构的申请获得中国主管机关的批准之后，申请人凭批准文件，并提交公司登记所需的有关文件，向公司登记机关办理登记，领取营业执照。

任务二　外国公司分支机构的终结

一、外国公司分支机构的清算

《公司法》第二百四十九条："外国公司撤销其在中华人民共和国境内的分支机构时，应当依法清偿债务，依照公司法有关公司清算程序的规定进行清算。未清偿债务之前，不得将其分支机构的财产转移至中华人民共和国境外。"

外国公司分支机构的解散原因一般分为自愿解散和强制解散。自愿解散有三种情况：一是外国公司做出撤回其在户国的分支机构的决定；二是外国公司分支机构本身请求撤销；三是外国公司分支机构的经营期限届满。其强制解散的原因有：一是外国公司发生合并、分立、破产、自动歇业等事件致使该外国公司不复存在；二是该分支机构因违反中国法律或者损害中国社会公共利益，被有关部门查封或责令关闭；三是该分支机构因不能清偿债务，其财产被强制执行，不能继续经营；四是该分支机构设立时有虚假陈述或者提交虚假文件等违法行为，被依法吊销营业执照。

二、外国公司分支机构的清算

外国公司分支机构解散的，应当依法进行清算。在自愿解散的情况下，清算人可由外国公司分支机构的负责人或者外国公司指定的其他人担任；在强制解散的情况下，应由有关主管机关指定人员担任。清算人的主要职责是清理财产、了结业务、清偿债务。在清偿债务以后，如有剩余财产，移交该外国公司。在清算结束前，分支机构的财产不得移往中国境外。

习题精练

一、单项选择题

1. 对外国公司在我国境内设立分支机构，我国公司法采取的是（　　），即须经批准才能设立。十日内将解散事由通过国家企业信用信息公示系统予以公示。

   A. 核准主义　　　　　　　　　B. 审批主义

   C. 登记主义　　　　　　　　　D. 自由主义

2. 外国公司在中国境内设立分支机构，必须向中国的主管机关提出申请。目前受理申请的机关为（　　）。

   A. 外交部　　　　　　　　　　B. 财政部

   C. 商务部　　　　　　　　　　D. 国防部

3. 外国公司在中国境内设立分支机构的申请获得中国主管机关的批准之后，申请人凭批准文件，并提交公司登记所需的有关文件，向公司登记机关办理登记，领取（　　）。

   A. 营业执照　　　　　　　　　B. 法人证书

   C. 税务登记证　　　　　　　　D. 经营许可证

4. 外国公司分支机构解散的，应当依法进行（　　）。

   A. 审计　　　　　　　　　　　B. 核算

   C. 清算　　　　　　　　　　　D. 结算

二、多项选择题

1. 外国公司的分支机构说法正确的是（　　）。

   A. 外国公司的分支机构应当在本机构中置备该外国公司章程

   B. 外国公司在中华人民共和国境内设立的分支机构具有中国法人资格

   C. 外国公司在中华人民共和国境内设立的分支机构不具有中国法人资格

   D. 外国公司对其分支机构在中华人民共和国境内进行经营活动承担民事责任

   E. 经批准设立的外国公司分支机构，在中华人民共和国境内从事业务活动，应当遵守中国的法律，不得损害中国的社会公共利益，其合法权益受中国法律保护

2. 外国公司分支机构自愿解散的情形有（　　）。

   A. 外国公司做出撤回其在中国的分支机构的决定

   B. 外国公司分支机构本身请求撤销

   C. 外国公司分支机构的经营期限届满

D. 外国公司发生合并、分立、破产、自动歇业等事件致使该外国公司不复存在

E. 分支机构因违反中国法律，或者损害中国社会公共利益，被有关部门查封或责令关闭

3. 外国公司分支机构强制的情形解散有（　　　）。

A. 外国公司分支机构的经营期限届满

B. 外国公司发生合并、分立、破产、自动歇业等事件致使该外国公司不复存在

C. 分支机构因违反中国法律，或者损害中国社会公共利益，被有关部门查封或责令关闭

D. 分支机构因不能清偿债务，其财产被强制执行，不能继续经营

E. 分支机构设立时有虚假陈述或者提交虚假文件等违法行为，被依法吊销营业执照

三、名词解释

外国公司分支机构。

四、简答题

1. 外国公司分支机构的设立条件是什么？

2. 外国公司分支机构强制解散约原因有哪些？

项目十四

公司法律责任

【知识目标】

1. 掌握公司法律责任的种类和范围。
2. 熟悉公司法对公司、股东、董事、监事和高级管理人员等的法律要求和规范。
3. 了解公司与关联方、股东之间的法律责任与权利关系。
4. 掌握公司法中关于违法行为的处罚原则和程序。

【能力目标】

1. 分析能力：能够分析公司运营中可能遇到的法律风险和问题，提出合理的解决方案。
2. 判断能力：能够准确判断公司行为是否合法合规，以及可能产生的法律后果。
3. 沟通能力：能够与公司内部和外部相关方有效沟通，明确法律责任和权益。
4. 实践能力：能够将所学的法律知识应用于实际工作中，为公司提供法律咨询和服务。

【素质目标】

1. 法律意识：增强法律意识和法治观念，自觉遵守法律法规。
2. 诚信意识：树立诚信意识，维护公司声誉和信誉。
3. 责任意识：强化责任意识，积极履行职责和义务。
4. 团队协作精神：培养团队协作精神，促进公司内部各部门之间的协调与配合。

任务一　公司的行政法律责任

一、虚报注册资本、提交虚假材料的法律责任

公司虚假登记实际是由公司内部人员主导实施的，在处罚公司时也要强调行为人的个人责任，因此新增了对虚假登记直接责任人的处罚，在全面推行形式审查标准的背景下，有利于打击冒用他人身份信息等虚假登记行为。

虚报注册资本、提交虚假材料或者采取其他欺诈手段隐瞒重要事实取得公司登记的，由公司登记机关责令改正，对虚报注册资本的公司，处以虚报注册资本金额百分之五以上百分之十五以下的罚款；对提交虚假材料或者采取其他欺诈手段隐瞒重要事实的公司，处以五万元以上二百万元以下的罚款；情节严重的，吊销营业执照；对直接负责的主管人员和其他直接责任人员处以三万元以上三十万元以下的罚款。

二、未公示或未如实公示的法律责任

作为年检制度替代机制的企业信息公示制度，以安全和效率作为其基本价值选择。通过企业信息公示，市场主体可以方便了解企业的经营信息，从而对其信用做出评估，对交易风险做出判断，进而使交易安全得到保障；而通过信息公示这一较低的制度实施成本而达到保障交易安全的立法目的，无疑也是符合效率的。

公司未依照规定公示有关信息或者不如实公示有关信息的，由公司登记机关责令改正，可以处以一万元以上五万元以下的罚款。情节严重的，处以五万元以上二十万元以下的罚款；对直接负责的主管人员和其他直接责任人员处，以一万元以上十万元以下的罚款。

三、发起人、股东虚假出资的法律责任

新《公司法》对虚假出资的法律责任进行了梯度设计。

公司的发起人、股东虚假出资，未交付或者未按期交付作为出资的货币或者非货币财产的，由公司登记机关责令改正，可以处以五万元以上二十万元以下的罚款；情节严重的，处以虚假出资或者未出资金额百分之五以上百分之十五以下的罚款；对直接负责的主管人员和其他直接责任人员处以一万元以上十万元以下的罚款。

四、发起人、股东抽逃出资的法律责任

抽逃出资是指在公司成立或验资后，股东将其已经转移到公司名下的出资财产暗中拍回，且仍保留股东身份和原有出资数额的行为，在性质上亦属欺诈。而这一过程通常会出现其他股东、董事、高级管理人员或者实际控制人协助股东抽逃出资的情况。明确协助抽

逃出资的其他股东、董事、高级管理人员或者实际控制人的连带责任，提升从事抽逃出资行为的违法成本。

公司的发起人、股东在公司成立后，抽逃其出资的，由公司登记机关责令改正，处以所抽逃出资金额百分之五以上百分之十五以下的罚款；对直接负责的主管人员和其他直接责任人员处以三万元以上三十万元以下的罚款。

五、另立会计账簿、财务会计报告失真的法律责任

有下列行为之一的，由县级以上人民政府财政部门依照《中华人民共和国会计法》等法律、行政法规的规定处罚。

（1）在法定的会计账簿以外另立会计账簿。

（2）提供存在虚假记载或者隐瞒重要事实的财务会计报告。

公司法中的财务会计制度是现代公司治理的核心，不仅是财务数字和报表，还是公司一切行为必要的记录及营业报告要求。公司独立财产的保障离不开另立会计账簿、财务会计报告失真的法律责任的完善。

六、不依法通知或者公告债权人的法律责任

清算组或公司在进行清算或减资时，应当遵循《公司法》的相关规定，自成立之日起十日内通知债权人，并于六十日内在报纸上公告。如果清算组或公司故意不按规定履行通知全体已知债权人和公告义务，造成债权人损失的，清算组成员或公司股东应当承担赔偿责任。因此，不依法通知或者公告债权人的法律责任主要包括责令改正和罚款。此外，如果因未通知或公告导致债权人损失，相关责任方还需要承担民事赔偿责任。

公司在合并、分立、减少注册资本或者进行清算时，不依法通知或者公告债权人的，由公司登记机关责令改正，对公司处以一万元以上十万元以下的罚款。

七、清算时隐匿财产的法律责任

公司在进行清算时，隐匿财产，对资产负债表或者财产清单作虚假记载，或者在未清偿债务前分配公司财产的，由公司登记机关责令改正，对公司处以隐匿财产或者未清偿债务前分配公司财产金额百分之五以上百分之十以下的罚款；对直接负责的主管人员和其他直接责任人员，处以一万元以上十万元以下的罚款。

八、承担资产评估、验资或者验证的机构提供重大遗漏报告的法律责任

对股东缴纳的全部出资，必须检验核实。验资是在股东缴纳出资后由法定的验资机构进行，验资机构审核检验完毕，应当出具验资证明。依法设立的注册会计师事务所、资产评估机构等，都属于依法设立的验资机构，可以承担验资工作。这些机构在接受委托并依法完成验资工作后，对货币出资，应出具相关的币种和数量的证明；对非货币财产出资，

应出具经评估验资后与该财产实际市场价值相符的以货币表示的数额证明。股东分期缴纳出资的，每期出资后都应当经验资机构验资。

承担资产评估、验资或者验证的机构提供虚假材料或者提供有重大遗漏的报告的，由有关部门依照《中华人民共和国资产评估法》《中华人民共和国注册会计师法》等法律、行政法规的规定处罚。

承担资产评估、验资或者验证的机构因其出具的评估结果、验资或者验证证明不实，给公司债权人造成损失的，除能够证明自己没有过错的外，在其评估或者证明不实的金额范围内承担赔偿责任。

承担资产评估、验资或者验证的机构作为违法主体，提供虚假材料或者提供有重大遗漏的报告的判断很多时候涉及更加专业的学科知识。各公司之间的经营业务不同，那么他们所接触的承担资产评估、验资或者验证的机构所提供的服务也自然会有所不同，所提交的材料和报告的要求同样不具有完全一致性的标准，因此在《公司法》中不宜千篇一律地规定相同的处罚，由《资产评估法》《会计师法》等法律、行政法规处理违法行为将更为有效。

九、公司登记机关未履行职责或者履行职责不当的法律责任

公司登记机关违反法律、行政法规规定未履行职责或者履行职责不当的，对负有责任的领导人员和直接责任人员依法给予政务处分。

公司登记机关在履行职责时，必须严格遵守法律、行政法规的规定，确保其行为的合法性和正当性。如果公司登记机关未履行职责或者履行职责不当，对负有责任的领导人员和直接责任人员，依法应当给予政务处分。政务处分是对国家公职人员违法违规行为的制裁措施，旨在维护国家机关的权威和公信力，保障公共利益和公民权益。对于公司登记机关而言，依法履行职责是其基本职责和义务，任何违反规定的行为都将受到法律的制裁。这不仅有助于确保公司登记机关的公正、公平和有效履行职责，维护市场秩序和公共利益，同时也提醒了相关领导和责任人员要时刻保持清醒的头脑，严格遵守法律法规，认真履行职责，防止因疏忽或故意违法而给个人和单位带来不良影响。因此，公司登记机关及其工作人员在履行职责时，应当始终秉持依法、公正、公平的原则，确保公司的登记管理工作有序、规范进行，为市场经济的健康发展提供有力的法治保障。

十、冒用公司名义的法律责任

未依法登记为有限责任公司或者股份有限公司，而冒用有限责任公司或者股份有限公司名义的，或者未依法登记为有限责任公司或者股份有限公司的分公司，而冒用有限责任公司或者股份有限公司的分公司名义的，由公司登记机关责令改正或者予以取缔，处以十万元以下的罚款。

十一、逾期未开业、停业连续六个月以上的法律责任

歇业登记是新增的制度，其是指依法成立的公司，因为不可抗力或其他困难无法继续

经营，但又不想彻底退出市场，因而向登记机关申请维持其企业法人的主体资格，不作为自行停业来进行处理，待情况好转后，再恢复营业的登记。

公司成立后无正当理由超过六个月未开业的，或者开业后自行停业连续六个月以上的，公司登记机关可以吊销营业执照，但公司依法办理歇业的除外。"歇业登记"作为公司逾期未开业、停业连续六个月以上或者不依法办理变更登记的法律责任的例外情形。

十二、变更不登记的法律责任

公司登记事项发生变更时，未依照公司法规定办理有关变更登记的，由公司登记机关责令限期登记；逾期不登记的，处以一万元以上十万元以下的罚款。

根据《中华人民共和国公司法》的规定，当公司的登记事项发生变更时，公司确实需要依照相关法律规定办理有关变更登记。这些登记事项包括但不限于公司名称、住所、法定代表人、注册资本、经营范围等。如果公司未能及时办理变更登记，那么公司登记机关有权责令其限期完成登记。如果在规定的期限内，公司仍未办理变更登记，公司登记机关有权对公司处以罚款。罚款的金额在一万元以上十万元以下，具体的罚款数额会根据公司违规的严重性、持续时间以及其他相关因素来确定。这一规定的目的在于确保公司的登记信息的准确性和实时性，以便保护股东、债权人以及社会公众的合法权益，同时也维护了市场秩序和公平竞争的环境。因此，公司应当时刻关注其登记事项的变化，并在发生变化后尽快办理相关的变更登记手续，以避免不必要的法律风险和经济损失。

十三、外国公司违法的法律责任

外国公司违反公司法规定，擅自在中华人民共和国境内设立分支机构的，由公司登记机关责令改正或者关闭，可以并处五万元以上二十万元以下的罚款。

根据《中华人民共和国公司法》及其相关法规，外国公司在未经许可的情况下，擅自在中华人民共和国境内设立分支机构是违法的。为了维护市场秩序和保护国内企业的合法权益，公司法规定，对于这类违法行为，公司登记机关有权责令外国公司改正或关闭其擅自设立的分支机构。此外，作为惩罚措施，还可以并处五万元以上二十万元以下的罚款。这一规定的目的在于强调外国公司在中国境内开展业务必须遵守中国的法律法规，遵循正当的程序和渠道进行注册和设立分支机构。这不仅有助于维护中国市场的公平竞争环境，也有助于保护国内消费者和企业的权益。因此，外国公司在考虑在中国设立分支机构时，务必充分了解并遵守中国的相关法律法规，确保合法合规经营。

十四、危害国家安全、社会公共利益的法律责任

利用公司名义从事危害国家安全、社会公共利益的严重违法行为的，吊销营业执照。

这一规定来自《中华人民共和国公司法》，旨在维护国家安全和社会公共利益，对于利用公司名义进行严重违法行为的，将给予最严厉的行政处罚，即吊销营业执照。吊销营业执照是工商行政管理局根据国家工商行政法规对违法的企业法人做出的一种行政处罚。

当企业法人被吊销营业执照后，其民事主体资格和经营资格都将随之消亡，企业不得继续从事市场经营活动。此外，被吊销营业执照的企业还会面临一系列的法律后果，例如企业名称在一定期限内不得使用，企业的法定代表人及直接责任人也会受到一定的限制。因此，所有企业应严格遵守相关法律法规，坚决杜绝利用公司名义从事危害国家安全、社会公共利益的严重违法行为，以免面临吊销营业执照等严重后果。

任务二　公司的民事连带责任

连带责任是依照法律规定或者当事人约定，两个或者两个以上当事人对其共同债务全部承担或部分承担，并能因此引起其内部债务关系的一种民事责任。当责任人为多人时，每个人都负有清偿全部债务的责任，各责任人之间有连带关系。

一、公司纵向人格否认中的连带责任

《公司法》第二十三条第一款：公司股东滥用公司法人独立地位和股东有限责任，逃避债务，严重损害公司债权人利益的，应当对公司债务承担连带责任。

《民法典》第八十三条第二款：营利法人的出资人不得滥用法人独立地位和出资人有限责任损害法人债权人的利益；滥用法人独立地位和出资人有限责任，逃避债务，严重损害法人债权人的利益的，应当对法人债务承担连带责任。

二、公司横向人格否认中的连带责任

《公司法》第二十三条第二款：股东利用其控制的两个以上公司实施前款规定行为的，各公司应当对任一公司的债务承担连带责任。

《九民含义纪要》第十一条第二款：控制股东或实际控制人控制多个子公司或者关联公司，滥用控制权使多个子公司或者关联公司财产边界不清、财务混同，利益相互输送，丧失人格独立性，沦为控制股东逃避债务、非法经营，甚至违法犯罪工具的，可以综合案件事实，否认子公司或者关联公司法人人格，判令承担连带责任。

三、一人公司人格否认中的连带责任

《公司法》第二十三条第三款：只有一个股东的公司，股东不能证明公司财产独立于股东自己的财产的，应当对公司债务承担连带责任。

《民法典》担保制度解释第十条：一人有限责任公司为其股东提供担保，公司以违反公司法关于公司对外担保决议程序的规定为由主张不承担担保责任的，人民法院不予支持。公司因承担担保责任导致无法清偿其他债务，提供担保时的股东不能证明公司财产独立于自己的财产，其他债权人请求该股东承担连带责任的，人民法院应予支持。

四、有限责任公司先公司交易中的连带责任

《公司法》第四十四条第二款：公司未成立的，其法律后果由公司设立时的股东承受；设立时的股东为二人以上的，享有连带债权，承担连带债务。

《公司法》解释三第五条第一款：发起人因履行公司设立职责造成他人损害，公司成立后受害人请求公司承担侵权赔偿责任的，人民法院应予支持；公司未成立，受害人请求全体发起人承担连带赔偿责任的，人民法院应予支持。

《民法典》第七十五条第一款：设立人为设立法人从事的民事活动，其法律后果由法人承受；法人未成立的，其法律后果由设立人承受，设立人为二人以上的，享有连带债权，承担连带债务。

五、股份有限公司先公司交易中的连带责任

《公司法》第四十四条第二款：公司未成立的，其法律后果由公司设立时的股东承受；设立时的股东为二人以上的，享有连带债权，承担连带债务。

《公司法》第一百零七条：公司法第四十四条、第四十九条第三款、第五十一条、第五十二条、第五十三条的规定，适用于股份有限公司。

《民法典》第七十五条第一款：设立人为设立法人从事的民事活动，其法律后果由法人承受；法人未成立的，其法律后果由设立人承受，设立人为二人以上的，享有连带债权，承担连带债务。

六、有限责任公司股东出资不足的连带责任

《公司法》第五十条：有限责任公司设立时，股东未按照公司章程规定实际缴纳出资，或者实际出资的非货币财产的实际价额显著低于所认缴的出资额的，设立时的其他股东与该股东在出资不足的范围内承担连带责任。

《公司法》解释三第十三条：股东未履行或者未全面履行出资义务，公司或者其他股东请求其向公司依法全面履行出资义务的，人民法院应予支持。公司债权人请求未履行或者未全面履行出资义务的股东在未出资本息范围内对公司债务不能清偿的部分承担补充赔偿责任的，人民法院应予支持；未履行或者未全面履行出资义务的股东已经承担上述责任，其他债权人提出相同请求的，人民法院不予支持。股东在公司设立时未履行或者未全面履行出资义务，依照本条第一款或者第二款提起诉讼的原告，请求公司的发起人与被告股东承担连带责任的，人民法院应予支持；公司的发起人承担责任后，可以向被告股东追偿。

七、股份有限公司发起人出资不足的连带责任

《公司法》第九十九条：发起人不按照其认购的股份缴纳股款，或者作为出资的非货币财产的实际价额显著低于所认购的股份的，其他发起人与该发起人在出资不足的范围内承担连带责任。

八、有限责任公司股东抽逃出资的连带责任

《公司法》第五十三条：公司成立后，股东不得抽逃出资。违反前款规定的，股东应当返还抽逃的出资；给公司造成损失的，负有责任的董事、监事、高级管理人员应当与该股东承担连带赔偿责任。

《公司法》解释三第十四条：股东抽逃出资，公司或者其他股东请求其向公司返还出资本息、协助抽逃出资的其他股东、董事、高级管理人员或者实际控制人对此承担连带责任的，人民法院应予支持。公司债权人请求抽逃出资的股东在抽逃出资本息范围内对公司债务不能清偿的部分承担补充赔偿责任、协助抽逃出资的其他股东、董事、高级管理人员或者实际控制人对此承担连带责任的，人民法院应予支持；抽逃出资的股东已经承担上述责任，其他债权人提出相同请求的，人民法院不予支持。

九、股份有限公司股东抽逃出资的连带责任

《公司法》第五十三条：公司成立后，股东不得抽逃出资。违反前款规定的，股东应当返还抽逃的出资；给公司造成损失的，负有责任的董事、监事、高级管理人员应当与该股东承担连带赔偿责任。

《公司法》第一百零七条：公司法第四十四条、第四十九条第三款、第五十一条、第五十二条、第五十三条的规定，适用于股份有限公司。

《公司法》解释三第十四条：股东抽逃出资，公司或者其他股东请求其向公司返还出资本息、协助抽逃出资的其他股东、董事、高级管理人员或者实际控制人对此承担连带责任的，人民法院应予支持。公司债权人请求抽逃出资的股东在抽逃出资本息范围内对公司债务不能清偿的部分承担补充赔偿责任、协助抽逃出资的其他股东、董事、高级管理人员或者实际控制人对此承担连带责任的，人民法院应予支持；抽逃出资的股东已经承担上述责任，其他债权人提出相同请求的，人民法院不予支持。

十、有限责任公司瑕疵股权转让中的连带责任

《公司法》第八十八条第二款：未按照公司章程规定的出资日期缴纳出资或者作为出资的非货币财产的实际价额显著低于所认缴的出资额的股东转让股权的，转让人与受让人在出资不足的范围内承担连带责任；受让人不知道且不应当知道存在上述情形的，由转让人承担责任。

《公司法》解释三第十八条：有限责任公司的股东未履行或者未全面履行出资义务即转让股权，受让人对此知道或者应当知道，公司请求该股东履行出资义务、受让人对此承担连带责任的，人民法院应予支持；公司债权人依照本规定第十三条第二款向该股东提起诉讼，同时请求前述受让人对此承担连带责任的，人民法院应予支持。受让人根据前款规定承担责任后，向该未履行或者未全面履行出资义务的股东追偿的，人民法院应予支持。但是，当事人另有约定的除外。

十一、控股股东、实际控制人和董事、高级管理人员的连带责任

《公司法》第一百九十二条：公司的控股股东、实际控制人指示董事、高级管理人员从事损害公司或者股东利益的行为的，与该董事、高级管理人员承担连带责任。

《民法典》第一千一百六十九条第一款：教唆、帮助他人实施侵权行为的，应当与行为人承担连带责任。

信息披露违法行为行政责任认定规则（中国证券监督管理委员会公告〔2011〕11号）第十八条：有证据证明因信息披露义务人受控股股东、实际控制人指使，未按照规定披露信息，或者所披露的信息有虚假记载、误导性陈述或者重大遗漏的，在认定信息披露义务人责任的同时，应当认定信息披露义务人控股股东、实际控制人的信息披露违法责任。信息披露义务人的控股股东、实际控制人是法人的，其负责人应当认定为直接负责的主管人员。控股股东、实际控制人直接授意、指挥从事信息披露违法行为，或者隐瞒应当披露信息、不告知应当披露信息的，应当认定控股股东、实际控制人指使从事信息披露违法行为。

十二、公司分立中的连带责任

《公司法》第二百二十三条：公司分立前的债务由分立后的公司承担连带责任。但是，公司在分立前与债权人就债务清偿达成的书面协议另有约定的除外。

《民法典》第六十七条第二款：法人分立的，其权利和义务由分立后的法人享有连带债权，承担连带债务，但是债权人和债务人另有约定的除外。

《最高人民法院关于审理与企业改制相关的民事纠纷案件若干问题的纪定》企业改制纠纷规定第十二条：债权人向分立后的企业主张债权，企业分立时对原企业的债务承担有约定，并经债权人认可的，按照当事人的约定处理；企业分立时对原企业债务承担没有约定或者约定不明，或者虽然有约定但债权人不予认可的，分立后的企业应当承担连带责任。

十三、公司简易注销中的连带责任

《公司法》第二百四十条第一款：公司在存续期间未产生债务，或者已清偿全部债务的，经全体股东承诺，可以按照规定通过简易程序注销公司登记。

《公司法》第二百四十条第三款：公司通过简易程序注销公司登记，股东对本条第一款规定的内容承诺不实的，应当对注销登记前的债务承担连带责任。

《民法典》第七十条第三款：清算义务人未及时履行清算义务，造成损害的，应当承担民事责任；主管机关或者利害关系人可以申请人民法院指定有关人员组成清算组进行清算。

《公司法》解释二第二十条第二款：公司未经依法清算即办理注销登记，股东或者第三人在公司登记机关办理注销登记时承诺对公司债务承担责任，债权人主张其对公司债务承担相应民事责任的，人民法院应依法予以支持。

《中华人民共和国市场主体登记管理条例》第三十三条：市场主体未发生债权债务或者已将债权债务清偿完结，未发生或者已结清清偿费用、职工工资、社会保险费用、法定补偿金、应缴纳税款（滞纳金、罚款），并由全体投资人书面承诺对上述情况的真实性承担法律责任的，可以按照简易程序办理注销登记。市场主体应当将承诺书及注销登记申请通过国家企业信用信息公示系统公示，公示期为二十日。在公示期内无相关部门、债权人及其他利害关系人提出异议的，市场主体可以于公示期届满之日起二十日内向登记机关申请注销登记。个体工商户按照简易程序办理注销登记的，无须公示，由登记机关将个体工商户的注销登记申请推送至税务等有关部门，有关部门在十日内没有提出异议的，可以直接办理注销登记。市场主体注销依法须经批准的，或者市场主体被吊销营业执照、责令关闭、撤销，或者被列入经营异常名录的，不适用简易注销程序。

《中华人民共和国市场主体登记管理条例实施细则》第四十七条：申请办理简易注销登记，应当提交申请书和全体投资人承诺书。

十四、民事责任优先原则

公司违反公司法规定，应当承担民事赔偿责任和缴纳罚款、罚金的，其财产不足以支付时，先承担民事赔偿责任。

《中华人民共和国公司法》规定了公司因违反法律规定而需要承担民事赔偿责任和缴纳罚款、罚金的情况。当公司的财产不足以同时支付这些赔偿和罚款时，民事赔偿责任的承担具有优先权。这一规定体现了法律对于保护民事权益的重视，确保受害方能够及时、有效地获得赔偿。同时，这也对公司形成了有效的威慑，促使其遵守法律规定，避免违法行为的发生。因此，如果公司违反了公司法的相关规定，并需要承担民事赔偿责任和缴纳罚款、罚金，而其财产又不足以支付全部金额时，公司应当首先承担民事赔偿责任。

任务三　公司的刑事法律责任

2023 年 12 月 29 日通过、2024 年 3 月 1 日生效的《刑法修正案（十二）》，涉及公司刑事责任的条款。

一、非法经营同类营业罪

第一百六十五条：国有公司、企业的董事、监事、高级管理人员，利用职务便利，自己经营或者为他人经营与其所任职公司、企业同类的营业，获取非法利益，数额巨大的，处三年以下有期徒刑或者拘役，并处或者单处罚金；数额特别巨大的，处三年以上七年以下有期徒刑，并处罚金。其他公司、企业的董事、监事、高级管理人员违反法律、行政法规规定，实施前款行为，致使公司、企业利益遭受重大损失的，依照前款的规定处罚。

《公司法》第一百八十四条：董事、监事、高级管理人员未向董事会或者股东会报告，并按照公司章程的规定经董事会或者股东会决议通过，不得自营或者为他人经营与其任职公司同类的业务。

二、为亲友非法牟利罪

第一百六十六条：国有公司、企业、事业单位的工作人员，利用职务便利，有下列情形之一，致使国家利益遭受重大损失的，处三年以下有期徒刑或者拘役，并处或者单处罚金；致使国家利益遭受特别重大损失的，处三年以上七年以下有期徒刑，并处罚金：

（1）将本单位的盈利业务交由自己的亲友进行经营的；

（2）以明显高于市场的价格从自己的亲友经营管理的单位采购商品、接受服务或者以明显低于市场的价格向自己的亲友经营管理的单位销售商品、提供服务的；

（3）从自己的亲友经营管理的单位采购、接受不合格商品、服务的。

其他公司、企业的工作人员违反法律、行政法规规定，实施前款行为，致使公司、企业利益遭受重大损失的，依照前款的规定处罚。

《公司法》第一百八十二条：董事、监事、高级管理人员的近亲属等与公司订立合同或者进行交易的，应当就有关事项向董事会或者股东会报告，并按照公司章程的规定经董事会或者股东会决议通过。

三、徇私舞弊低价折股、出售公司、企业资产罪

第一百六十九条：国有公司、企业或者其上级主管部门直接负责的主管人员，徇私舞弊，将国有资产低价折股或者低价出售，致使国家利益遭受重大损失的，处三年以下有期徒刑或者拘役；致使国家利益遭受特别重大损失的，处三年以上七年以下有期徒刑。其他公司、企业直接负责的主管人员，徇私舞弊，将公司、企业资产低价折股或者低价出售，致使公司、企业利益遭受重大损失的，依照前款的规定处罚。

四、单位受贿罪

第三百八十七条：国家机关、国有公司、企业、事业单位、人民团体，索取、非法收受他人财物，为他人谋取利益，情节严重的，对单位判处罚金，并对其直接负责的主管人员和其他直接责任人员，处三年以下有期徒刑或者拘役；情节特别严重的，处三年以上十年以下有期徒刑。

前款所列单位，在经济往来中，在账外暗中收受各种名义的回扣、手续费的，以受贿论，依照前款的规定处罚。

五、行贿罪

第三百九十条：对犯行贿罪的，处三年以下有期徒刑或者拘役，并处罚金；因行贿谋取不正当利益，情节严重的，或者使国家利益遭受重大损失的，处三年以上十年以下有期徒刑，并处罚金；情节特别严重的，或者使国家利益遭受特别重大损失的，处十年以上有

期徒刑或者无期徒刑，并处罚金或者没收财产。

有下列情形之一的，从重处罚：

（1）多次行贿或者向多人行贿的；

（2）国家工作人员行贿的；

（3）在国家重点工程、重大项目中行贿的；

（4）为谋取职务、职级晋升、调整行贿的；

（5）对监察、行政执法、司法工作人员行贿的；

（6）在生态环境、财政金融、安全生产、食品药品、防灾救灾、社会保障、教育、医疗等领域行贿，实施违法犯罪活动的；

（7）将违法所得用于行贿的。

行贿人在被追诉前主动交代行贿行为的，可以从轻或者减轻处罚。其中，犯罪较轻的，对调查突破、侦破重大案件起关键作用的，或者有重大立功表现的，可以减轻或者免除处罚。

六、对单位行贿罪

第三百九十一条：为谋取不正当利益，给予国家机关、国有公司、企业、事业单位、人民团体以财物的，或者在经济往来中，违反国家规定，给予各种名义的回扣、手续费的，处三年以下有期徒刑或者拘役，并处罚金；情节严重的，处三年以上七年以下有期徒刑，并处罚金。

单位犯前款罪的，对单位判处罚金，并对其直接负责的主管人员和其他直接责任人员，依照前款的规定处罚。

七、单位行贿罪

第三百九十三条：单位为谋取不正当利益而行贿，或者违反国家规定，给予国家工作人员以回扣、手续费，情节严重的，对单位判处罚金，并对其直接负责的主管人员和其他直接责任人员，处三年以下有期徒刑或者拘役，并处罚金；情节特别严重的，处三年以上十年以下有期徒刑，并处罚金。因行贿取得的违法所得归个人所有的，依照公司法第三百八十九条、第三百九十条的规定定罪处罚。

习题精练

一、单项选择题

1. 抽逃出资是指在公司成立或验资后，股东将其已经转移到公司名下的出资财产暗中抽回，且仍保留股东身份和原有出资数额的行为，在性质上属于（　　）。

　　A. 违约　　　　　　　　　　　　B. 侵权

    C. 欺诈　　　　　　　　　　　　D. 诈骗

2. 利用公司名义从事危害国家安全、社会公共利益的严重违法行为的，（　　　）。

    A. 撤销营业执照　　　　　　　　B. 撤回营业执照

    C. 注销营业执照　　　　　　　　D. 吊销营业执照

3. 只有一个股东的公司，股东不能证明公司财产独立于股东自己的财产的，应当对公司债务承担（　　　）。

    A. 按份责任　　　　　　　　　　B. 连带责任

    C. 平均责任　　　　　　　　　　D. 约定责任

4. 公司在合并、分立、减少注册资本或者进行清算时，不依法通知或者公告债权人的，由公司登记机关责令改正，对公司处以（　　　）。

    A. 一万元以上三万元以下的罚款　　　B. 一万元以上十万元以下的罚款

    C. 三万元以上五万元以下的罚款　　　D. 五万元以上十万元以下的罚款

5. 公司违反公司法规定，应当承担民事赔偿责任和缴纳罚款、罚金的，其财产不足以支付时，先承担（　　　）民事赔偿责任。

    A. 民事赔偿责任　　　　　　　　B. 刑事赔偿责任

    C. 行政赔偿责任　　　　　　　　D. 侵权赔偿责任

6. 外国公司违反公司法规定，擅自在中华人民共和国境内设立分支机构的，由公司登记机关责令改正或者关闭，可以并处（　　　）的罚款。

    A. 五万元以上二十万元以下的罚款　　B. 五万元以上三十万元以下的罚款

    C. 五万元以上五十万元以下的罚款　　D. 五万元以上十万元以下的罚款

7. 公司登记事项发生变更时，未依照公司法规定办理有关变更登记的，由公司登记机关责令限期登记；逾期不登记的，处以（　　　）的罚款。

    A. 一万元以上三万元以下的罚款　　　B. 一万元以上十万元以下的罚款

    C. 三万元以上五万元以下的罚款　　　D. 五万元以上十万元以下的罚款

8. 公司登记机关违反法律、行政法规规定未履行职责或者履行职责不当的，对负有责任的领导人员和直接责任人员依法给予（　　　）政务处分。

    A. 警告处分　　　　　　　　　　B. 记过处分

    C. 开除处分　　　　　　　　　　D. 政务处分

9. 国有公司、企业的董事、监事、高级管理人员，利用职务便利，自己经营或者为他人经营与其所任职公司、企业同类的营业，获取非法利益，构成（　　　）。

    A. 非法经营罪　　　　　　　　　B. 为亲友非法牟利罪

    C. 贪污罪　　　　　　　　　　　D. 非法经营同类营业罪

二、名词解释题

    歇业登记。

项目十五

公司法附则

【知识目标】

1. 掌握与公司法相关的专业法律术语及其准确含义。

2. 理解公司法及相关法律条款的生效时间，明确其发展中的变化，以及这些变化对公司法实践的影响。

【能力目标】

1. 培养在实际工作中运用法律条款，特别是与时间相关的条款。

2. 培养对公司法及相关法律更新变化的敏感性，并快速适应新法规的要求。

【素质目标】

1. 培养高度的专业素养，确保在处理与法律术语和生效时间相关的问题时，能够准确、迅速地做出判断。

2. 在处理与时间相关的法律问题时，需要细心和耐心，确保不会出现任何遗漏或错误。

任务一　公司法法律术语

一、高级管理人员

高级管理人员，是指公司的经理、副经理、财务负责人，上市公司董事会秘书和公司章程规定的其他人员。

公司的高级管理人员在组织结构中扮演着举足轻重的角色。他们是公司的战略决策者、团队领导者和企业文化的主要推动者。

一般来说，生活中常见的高级管理人员有以下类型。

（1）首席执行官（CEO）：作为公司的最高领导者，CEO负责制定和实施整体战略，确保公司实现盈利目标和增长愿景。通常也是公司的主要发言人，代表公司对外进行沟通和交流。

（2）首席财务官（CFO）：CFO负责管理公司的财务活动，包括资金筹集、预算制定、财务报告和税务规划等。确保公司的财务稳健，为决策层提供财务分析和建议。

（3）首席运营官（COO）：COO负责公司的日常运营和业务流程管理，确保各部门之间的协同合作。通常关注生产效率、成本控制和质量控制等方面。

（4）首席技术官（CTO）：CTO主导公司的技术战略和发展，领导技术研发团队进行新产品开发和技术创新。在技术领域的专业知识和洞察力对于公司的竞争力至关重要。

（5）首席人力资源官（CHRO）：CHRO负责制定和执行人力资源政策，负责员工招聘、培训、绩效管理和薪酬福利等方面的工作。致力于构建高效、积极的组织文化，提升员工满意度和忠诚度。

（6）首席营销官（CMO）：CMO负责公司的市场营销策略，包括品牌推广、产品宣传、市场调研和客户关系管理等。通过创新的营销手段提升品牌知名度和市场占有率。

（7）首席法务官（CLO）：CLO负责公司的法律事务，包括合同审查、法律咨询、法律风险管理等方面的工作。确保公司的业务活动符合法律法规要求，降低法律风险。

二、控股股东

控股股东，是指其出资额占有限责任公司资本总额超过百分之五十或者其持有的股份占股份有限公司股本总额超过百分之五十的股东；出资额或者持有股份的比例虽然低于百分之五十，但依其出资额或者持有的股份所享有的表决权已足以对股东会的决议产生重大影响的股东。

三、实际控制人

实际控制人，是指通过投资关系、协议或者其他安排，能够实际支配公司行为的人。

四、关联关系

关联关系，是指公司控股股东、实际控制人、董事、监事、高级管理人员与其直接或者间接控制的企业之间的关系，以及可能导致公司利益转移的其他关系。但是，国家控股的企业之间不仅因为同受国家控股而具有关联关系。

任务二 公司法生效时间

一、2024 年 7 月 1 日生效

《公司法》自 2024 年 7 月 1 日起施行。公司法施行前已登记设立的公司，出资期限超过公司法规定的期限的，除法律、行政法规或者国务院另有规定外，应当逐步调整至公司法规定的期限以内；对于出资期限、出资额明显异常的，公司登记机关可以依法要求其及时调整。具体实施办法由国务院规定。

二、过渡期安排

公司法设定了过渡期的立法安排，为存量公司调整预留较为充足的时间，不采用"一刀切"的做法，以企业正常经营为出发点，确保市场经济的平稳有序发展。

习题精练

一、单项选择题

1. 新修改的《公司法》自（　　　）起施行。
   A. 2024 年 1 月 1 日　　　　　　　　　　B. 2024 年 7 月 1 日
   C. 2025 年 1 月 1 日　　　　　　　　　　D. 2025 年 7 月 1 日

2. 控股股东，是指其出资额占有限责任公司资本总额超过（　　　）或者其持有的股份占股份有限公司股本总额超过（　　　）的股东。
   A. 百分之三十　　　　　　　　　　B. 百分之四十
   C. 百分之五十　　　　　　　　　　D. 百分之六十

3. CEO 是公司的（　　　）
   A. 首席财务官　　　　　　　　　　B. 首席法务官
   C. 首席技术官　　　　　　　　　　D. 首席执行官

4. （　　　）负责公司的日常运营和业务流程管理，确保各部门之间的协同合作。
   A. 首席运营官　　　　　　　　　　B. 首席法务官
   C. 首席技术官　　　　　　　　　　D. 首席执行官

5. （　　　）负责公司的市场营销策略，包括品牌推广、产品宣传、市场调研和客户关系管理等。
   A. 首席运营官　　　　　　　　　　B. 首席营销官
   C. 首席技术官　　　　　　　　　　D. 首席执行官

6. （　　　）负责公司的法律事务，包括合同审查、法律咨询、法律风险管理等方面的工作。

    A. 首席运营官　　　　　　　　　B. 首席法务官

    C. 首席技术官　　　　　　　　　D. 首席执行官

二、名词解释题

    1. 高级管理人员。

    2. 控股股东。

    3. 实际控制人。

    4. 关联关系。

项目十六

现代公司网络治理

【知识目标】

1. 掌握网络治理的基本概念。
2. 了解网络治理的最新发展趋势。

【能力目标】

1. 能够在网络治理中妥善处理各方利益关系。
2. 能够在复杂的网络环境中准确识别风险。

【素质目标】

1. 遵守网络治理的道德规范。
2. 秉持诚信、公正、责任和创新的原则，为公司和社会创造价值。

任务一　现代公司网络治理的理论

一、网络组织的含义

网络组织是由两个或两个以上独立的企业通过正式契约和隐含契约所构成的互相依赖、共担风险的长期合作的组织模式。

第一，至少两个企业构成；第二，不断重复交易互动，动态组织过程，而不是静态实体；第三，每个成员在法律上都是独立法人；第四，成员间专业化分工程度很高，企业间资源共享；第五，成员用来协调和保护合作关系的机制既有通过法律来保护的正式契约，也包括非正式的社会控制和协调机制。

网络组织具有重复性交换的特征，比分散、随机的卖者和买者之间的市场交易更有利于产生协作和信任。因此，网络组织缓解了距离过远带来的沟通上的问题，又没有给垂直一体化联盟和合作伙伴关系等正式连接的管理者带来不便。

网络组织的核心在于合作，通过合作取得双赢的局面当然，合作并不排除企业间的竞争，有些企业常常在一种产品和服务上进行合作，而在其他产品上又开展激烈竞争。

二、网络组织兴起的原因

（一）社会平台

知识社会到来、人类文化演进、自然资源的枯竭，企业必须用系统的网络化思维方式，合作竞争、利益相关者、柔性与创新等思想促进了网络组织的发展。

（二）经济平台

区域经济一体化必然形成区域外公司的壁垒效应，而网络组织可解决此问题；网络经济的飞速发展使网络成为企业价值链上各环节的主要媒介和实现场所。

（三）技术平台

随着信息通信技术（ITC）对于组织变革的影响，企业组织的扁平化与网络化、BPR、ERP、SCM、LP、JT、CRM 等管理技术和组织技术应运而生。

（四）产业组织平台

随着模块化生产方式的兴起，硅谷的公司试图避免供应商对生产商的依赖性，明确放弃了 IBM 的方式，转为更互惠的关系。

三、网络组织的作用

（1）有助于节省交易费用。与供应商进行重复交易；企业间信息共享；网络组织广泛使用非正式的、自我实施的保护措施。

（2）有助于提高企业创新能力。由于成员的经常互动和多种方式的交流，特别是面对面的交流非常有利于隐性知识的吸收。

（3）有助于提升企业可持续竞争力通过参与网络组织，企业获得了网络资源，有助于企业获得持续的竞争优势。

（4）有助于克服企业组织内部的"路径依赖"。具有外部导向的、旨在进行企业间合作的网络结构，能够克服制约构建新的竞争能力的路径依赖性。

四、网络治理的含义

网络治理有两方面的含义：第一方面是利用网络进行公司治理，此时网络是治理的一种工具；第二方面是网络组织治理的简称，即对网络组织进行治理。

网络治理的前一种含义主要强调网络经济条件下的公司治理与非网络经济条件下公司治理的区别，即在治理的条件和治理的环境发生变化以后，公司治理受到的冲击及其变化；后一种情况则属于治理内容和治理对象的变化，即公司治理的对象由一般的公司转变为不同于公司的网络组织。这必然引致公司治理的一系列变化。

五、公司网络治理的表现形式

在网络经济条件下，有形网络高效快捷的信息传播方式和宽广的信息流通渠道所构成的技术支撑平台，实现了公司治理的高效运作。在网络经济条件下，公司治理在治理理念、治理渠道、治理行为及治理时效等方面都发生了很大的改变。一般而言，网络组织是指正式或非正式的组织和个人通过经济合约的缔结与社会关系的嵌入所形成的以企业间的制度安排为核心的参与者（个体、团体、群体）间的关系安排。因为治理对象的变更，使网络治理与公司治理存在诸多不同，但主要表现在以下三个方面。

第一，理论基础的变化。一般公司治理所依据的是企业理论，其中最主要的是委托-代理理论，而网络治理则是建立在中间组织理论基础之上。

第二，治理环境的变化。在网络治理的条件下，治理环境将由公司治理条件下的需求的不确定性、资产专用性、交易频率的三维扩展为任务的复杂性、需求的不确定性、资产专用性、交易频率构成的四维环境。

第三，治理机制的变化。在网络治理的条件下，治理机制也相应转变为社会机制，具体而言，社会机制主要包括限制性进入（Restricted Access）、宏观文化（Macroculture）、集体制裁（Collective Sanction）和声誉（Reputation）等四个方面的具体内容。

六、传统公司治理与现代公司网络治理的比较

（一）治理结构

传统公司治理：通常采用较为固定的组织结构，如董事会、监事会、股东大会等，权力关系明确，等级分明。

现代公司网络治理：结构更加灵活，强调网络组织和合作伙伴的参与，可能涉及多个利益相关者，如供应链伙伴、技术合作伙伴等。

（二）决策方式

传统公司治理：决策往往集中在顶层管理层，通过会议、报告等方式进行，决策过程相对封闭。

现代公司网络治理：决策更加开放和多元，强调共识和协同，可能涉及多方参与和协商。

（三）发展动力

传统公司治理：发展动力主要来自内部，如提高生产效率、优化管理等。

现代公司网络治理：发展动力来自内外部共同推动，特别是外部环境的变化和合作伙伴的影响。

（四）工作模式

传统公司治理：通常采用线性或序列化的工作模式，各项工作按照既定流程进行。

现代公司网络治理：工作模式更加并行和交互，强调跨部门、跨组织的协作和沟通。

（五）工作关系

传统公司治理：工作关系相对固定，主要基于职务和等级。

现代公司网络治理：工作关系更加动态和多元，基于项目、任务或共同目标进行组织和调整。

（六）技术应用

传统公司治理：技术应用多集中在内部系统，如 ERP、CRM 等。

现代公司网络治理：技术应用更加广泛和深入，涉及大数据、云计算、区块链等先进技术，以实现更高效的信息共享和协同工作。

（七）治理重心

传统公司治理：治理重心主要放在内部管理和风险控制上。

现代公司网络治理：治理重心更加倾向于外部关系和网络协作，注重与合作伙伴的共赢和长期发展。

综上所述，传统公司治理注重内部结构和流程，而现代公司网络治理则更加强调外部关系和协作。

随着外部环境的不断变化和企业的发展，现代公司网络治理逐渐展现出其独特的优势和价值。

任务二　现代公司网络治理的运营管理

一、网络安全与管理

网络安全是公司网络治理的首要任务。公司需要建立完善的安全管理制度，采取多层次、多手段的安全防护措施，包括防火墙、入侵检测、数据加密等，以抵御外部攻击和内部威胁。同时，公司还须加强网络安全意识培训，提高员工的安全防范意识和能力。

二、数据隐私与保护

数据是公司的重要资产，数据隐私保护是网络治理的关键环节。公司应建立完善的数据保护机制，确保数据的机密性、完整性和可用性。同时，公司须遵守相关法律法规，对敏感数据进行脱敏处理和加密存储，防止数据泄露和滥用。

三、云计算与边缘应用

云计算和边缘计算技术的普及，为公司提供了更加灵活、高效的网络资源利用方式。公司须根据自身业务需求，合理规划和部署云计算和边缘应用，确保网络资源的充分利用和高效运行。同时，公司还须关注云计算和边缘计算的安全风险，采取相应措施进行防范和应对。

四、网络法规与合规

随着网络空间的不断发展和法律法规的逐步完善，公司须加强对网络法规的学习和遵守，确保网络活动的合规性。公司应建立合规管理体系，定期进行自查和评估，及时发现和纠正违规行为，避免因违规操作而引发的法律风险。

五、供应链网络优化

供应链网络优化是公司提升运营效率和降低成本的重要手段。公司应利用现代网络技术和工具，实现供应链的数字化、智能化管理，提高供应链的透明度和协同效率。同时，公司还须关注供应链中的安全风险和合规问题，确保供应链的稳健运行。

六、网络营销与策略

网络营销已成为公司获取市场份额和提升品牌形象的重要途径。公司应制定科学的网络营销策略，利用社交媒体、搜索引擎等渠道进行宣传推广，吸引目标客户。同时，公司还须关注网络营销中的法律法规和道德风险，确保营销活动的合规性和诚信度。

七、内部网络管理

内部网络管理是公司网络治理的基础。公司应建立完善的内部网络管理制度，明确各级部门和员工的网络使用权限和责任，规范网络行为。同时，公司还须加强内部网络的监控和维护，及时发现和处理网络故障和安全问题，确保内部网络的稳定运行。

八、跨国网络监管

对于跨国运营的公司而言，跨国网络监管是一个重要的问题。不同国家和地区的网络法律法规和监管要求存在差异，公司须加强跨国网络监管的协调和管理，确保公司在全球范围内的网络活动符合相关法律法规的要求。

习题精练

一、单项选择题

1. （   ）是公司网络治理的首要任务。
   A. 网络安全
   B. 网络治理
   C. 网络运营
   D. 网络营销

2. （   ）是网络治理的关键环节。
   A. 数据隐私保护
   B. 数据安全保护
   C. 数据营销利润
   D. 数据复制保护

3. 随着网络空间的不断发展和法律法规的逐步完善，公司须加强对网络法规的学习和遵守，公司应建立（   ）。
   A. 运营管理体系
   B. 数字管理体系
   C. 安全管理体系
   D. 合规管理体系

4. （   ）一体化必然形成区域外公司的壁垒效应。
   A. 区域经济一体化
   B. 国际经济一体化
   C. 经济全球化
   D. 国际贸易一体化

5. 公司网络治理有助于克服企业组织内部的（   ）
   A. "路径选择"
   B. "路径依赖"
   C. "舒服依赖"
   D. "信任依赖"

二、名词解释题

1. 网络组织。
2. 网络治理。
3. 供应链网络优化。

三、简答题

1. 网络组织兴起的原因。
2. 网络组织的作用。

新《公司法》中有限责任公司和股份有限公司的对照

	有限责任公司	股份有限公司
含义	第4条　有限责任公司的股东以其认缴的出资额为限对公司承担责任。	第4条　股份有限公司的股东以其认购的股份为限对公司承担责任。
标志	第7条　依照公司法设立的有限责任公司，应当在公司名称中标明有限责任公司或者有限公司字样。	第7条　依照公司法设立的股份有限公司，应当在公司名称中标明股份有限公司或者股份公司字样。
公司变更	第12条　有限责任公司变更为股份有限公司，应当符合公司法规定的股份有限公司的条件。	第12条　股份有限公司变更为有限责任公司，应当符合公司法规定的有限责任公司的条件。
	有限责任公司变更为股份有限公司的，或者股份有限公司变更为有限责任公司的，公司变更前的债权、债务由变更后的公司承继。	
股东人数	第42条　有限责任公司由一个以上五十个以下股东出资设立。	第92条　设立股份有限公司，应当有一人以上二百人以下为发起人，其中应当有半数以上的发起人在中华人民共和国境内有住所。
	第45条　设立有限责任公司，应当由股东共同制定公司章程。	第94条　设立股份有限公司，应当由发起人共同制定公司章程。
章程	第46条　有限责任公司章程应当载明下列事项： （一）公司名称和住所； （二）公司经营范围； （三）公司注册资本； （四）股东的姓名或者名称； （五）股东的出资额、出资方式和出资日期； （六）公司的机构及其产生办法、职权、议事规则； （七）公司法定代表人的产生、变更办法； （八）股东会认为需要规定的其他事项。 股东应当在公司章程上签名或者盖章。	第95条　股份有限公司章程应当载明下列事项： （一）公司名称和住所； （二）公司经营范围； （三）公司设立方式； （四）公司注册资本、已发行的股份数和设立时发行的股份数，面额股的每股金额； （五）发行类别股的，每一类别股的股份数及其权利和义务； （六）发起人的姓名或者名称、认购的股份数、出资方式； （七）董事会的组成、职权和议事规则； （八）公司法定代表人的产生、变更办法； （九）监事会的组成、职权和议事规则； （十）公司利润分配办法； （十一）公司的解散事由与清算办法； （十二）公司的通知和公告办法； （十三）股东会认为需要规定的其他事项。

	有限责任公司	股份有限公司
注册资本	第 47 条　有限责任公司的注册资本为在公司登记机关登记的全体股东认缴的出资额。全体股东认缴的出资额由股东按照公司章程的规定自公司成立之日起五年内缴足。	第 96 条　股份有限公司的注册资本为在公司登记机关登记的已发行股份的股本总额。在发起人认购的股份缴足前，不得向他人募集股份。
股东名册	第 56 条　有限责任公司应当置备股东名册，记载下列事项： （一）股东的姓名或者名称及住所； （二）股东认缴和实缴的出资额、出资方式和出资日期； （三）出资证明书编号； （四）取得和丧失股东资格的日期。 记载于股东名册的股东，可以依股东名册主张行使股东权利。	第 102 条　股份有限公司应当制作股东名册并置备于公司。股东名册应当记载下列事项： （一）股东的姓名或者名称及住所； （二）各股东所认购的股份种类及股份数； （三）发行纸面形式的股票的，股票的编号； （四）各股东取得股份的日期。
股东会	第 58 条　有限责任公司股东会由全体股东组成。股东会是公司的权力机构，依照公司法行使职权。	第 111 条　股份有限公司股东会由全体股东组成。股东会是公司的权力机构，依照公司法行使职权。
股东会职权	第 59 条　股东会行使下列职权： （一）选举和更换董事、监事，决定有关董事、监事的报酬事项； （二）审议批准董事会的报告； （三）审议批准监事会的报告； （四）审议批准公司的利润分配方案和弥补亏损方案； （五）对公司增加或者减少注册资本做出决议； （六）对发行公司债券做出决议； （七）对公司合并、分立、解散、清算或者变更公司形式做出决议； （八）修改公司章程； （九）公司章程规定的其他职权。 股东会可以授权董事会对发行公司债券做出决议。 对本条第一款所列事项股东以书面形式一致表示同意的，可以不召开股东会会议，直接做出决定，并由全体股东在决定文件上签名或者盖章。	第 112 条　《公司法》第 59 条第 1 款、第 2 款关于有限责任公司股东会职权的规定，适用于股份有限公司股东会。
一人公司	第 60 条　只有一个股东的有限责任公司不设股东会。	《公司法》第 60 条关于只有一个股东的有限责任公司不设股东会的规定，适用于只有一个股东的股份有限公司。

	有限责任公司	股份有限公司
董事会	第67条　有限责任公司设董事会，公司法第75条另有规定的除外。 董事会行使下列职权： （一）召集股东会会议，并向股东会报告工作； （二）执行股东会的决议； （三）决定公司的经营计划和投资方案； （四）制订公司的利润分配方案和弥补亏损方案； （五）制订公司增加或者减少注册资本以及发行公司债券的方案； （六）制订公司合并、分立、解散或者变更公司形式的方案； （七）决定公司内部管理机构的设置； （八）决定聘任或者解聘公司经理及其报酬事项，并根据经理的提名决定聘任或者解聘公司副经理、财务负责人及其报酬事项； （九）制定公司的基本管理制度； （十）公司章程规定或者股东会授予的其他职权。 公司章程对董事会职权的限制不得对抗善意相对人。	第120条　股份有限公司设董事会，《公司法》第128条另有规定的除外。公司法第67条、第68条第一款、第70条、第71条的规定，适用于股份有限公司。
审计委员会	第69条　有限责任公司可以按照公司章程的规定在董事会中设置由董事组成的审计委员会，行使公司法规定的监事会的职权，不设监事会或者监事。公司董事会成员中的职工代表可以成为审计委员会成员。	第121条　股份有限公司可以按照公司章程的规定在董事会中设置由董事组成的审计委员会，行使公司法规定的监事会的职权，不设监事会或者监事。
不设董事会	第75条　规模较小或者股东人数较少的有限责任公司，可以不设董事会，设一名董事，行使公司法规定的董事会的职权。该董事可以兼任公司经理。	第128条　规模较小或者股东人数较少的股份有限公司，可以不设董事会，设一名董事，行使公司法规定的董事会的职权。该董事可以兼任公司经理。
监事会	第76条　有限责任公司设监事会，公司法第六十九条、第八十三条另有规定的除外。监事会成员为三人以上。监事会成员应当包括股东代表和适当比例的公司职工代表，其中职工代表的比例不得低于三分之一，具体比例由公司章程规定。监事会中的职工代表由公司职工通过职工代表大会、职工大会或者其他形式民主选举产生。 监事会设主席一人，由全体监事过半数选举	第130条　股份有限公司设监事会，公司法第121条第一款、第133条另有规定的除外。监事会成员为三人以上。监事会成员应当包括股东代表和适当比例的公司职工代表，其中职工代表的比例不得低于三分之一，具体比例由公司章程规定。监事会中的职工代表由公司职工通过职工代表大会、职工大会或者其他形式民主选举产生。

	有限责任公司	股份有限公司
监事会	产生。监事会主席召集和主持监事会会议；监事会主席不能履行职务或者不履行职务的，由过半数的监事共同推举一名监事召集和主持监事会会议。 董事、高级管理人员不得兼任监事。	监事会设主席一人，可以设副主席。监事会主席和副主席由全体监事过半数选举产生。监事会主席召集和主持监事会会议；监事会主席不能履行职务或者不履行职务的，由监事会副主席召集和主持监事会会议；监事会副主席不能履行职务或者不履行职务的，由过半数的监事共同推举一名监事召集和主持监事会会议。 董事、高级管理人员不得兼任监事。
监事任期	第77条　监事的任期每届为三年。监事任期届满，连选可以连任。	公司法第77条关于有限责任公司监事任期的规定，适用于股份有限公司监事。
监事会职权	第78条　监事会行使下列职权： （一）检查公司财务； （二）对董事、高级管理人员执行职务的行为进行监督，对违反法律、行政法规、公司章程或者股东会决议的董事、高级管理人员提出解任的建议； （三）当董事、高级管理人员的行为损害公司的利益时，要求董事、高级管理人员予以纠正； （四）提议召开临时股东会会议，在董事会不履行公司法规定的召集和主持股东会会议职责时召集和主持股东会会议； （五）向股东会会议提出提案； （六）依照公司法第一百八十九条的规定，对董事、高级管理人员提起诉讼； （七）公司章程规定的其他职权。	第131条　公司法第78条至第80条的规定，适用于股份有限公司监事会。
	第79条　监事可以列席董事会会议，并对董事会决议事项提出质询或者建议。 监事会发现公司经营情况异常，可以进行调查；必要时，可以聘请会计师事务所等协助其工作，费用由公司承担。	
	第80条　监事会可以要求董事、高级管理人员提交执行职务的报告。 董事、高级管理人员应当如实向监事会提供有关情况和资料，不得妨碍监事会或者监事行使职权。	

参 考 文 献

[1] 中华人民共和国公司法[M]. 北京:法律出版社,2024.

[2] 公司法及司法解释汇编[M]. 北京:法律出版社,2024.

[3] 王艳丽,何新容,刘安琪,秦辰美. 新公司法:条文详解·理论探讨·典型案例[M]. 北京:法律出版社,2024.

[4] 林一英,周荆,禹海波. 公司法新旧对照与条文解读[M]. 北京:法律出版社,2024.

[5] 图解法律团队. 图解公司法[M]. 北京:法律出版社,2024.

[6] 王毓莹. 新公司法二十四讲——审判原理与疑难问题深度释解[M]. 北京:法律出版社,2024.